THE HISTORY 문화유산 서울

우리겨레
·········
문화유산

THE HISTORY 문화유산 서울
우리겨레 문화유산

펴낸날 2025년 9월 24일 1판 1쇄
펴낸이 강진균
글 박경남
편집·디자인 편집부
마케팅 영업부
제작 강현배
펴낸곳 삼성당
주소 서울시 강남구 선릉로 747 삼성당빌딩 9층
대표 전화 (02)3443-2681 **팩스** (02)3443-2683
출판등록 1968년 10월 1일 제2-187호
ISBN 978-89-14-02199-1 (73910)

본 저작물은 저작권법에 따라 보호를 받는 책이므로 무단 전재와 무단 복제를 금합니다.
※ 파본은 바꾸어 드립니다.

THE HISTORY 문화유산 서울

우리겨레
문화유산

차례

강남구
봉은사 12
선정릉 (삼릉공원) 16
대모산 불국사 19

강동구
암사동 선사유적지 22

강북구
화계사 25
도선사 29

강서구
양천향교 31
약사사 34

관악구
자운암 37
봉천동 마애미륵불 39
낙성대 41

금천구
석약사불좌상 44

노원구
태릉·강릉 47
학도암
 마애관음보살좌상 50

도봉구
천축사 53
만월암 석불좌상 55
연산군묘 56
도봉서원 59

동대문구
선농단 62
세종대왕 기념관 64
영휘원·숭인원 67

동작구
사육신묘 69

마포구
절두산 순교성지 73
공민왕 사당 76
망원정터 79

서대문구
서대문 독립공원 82
독립문 84
보도각 백불 87

우리겨레 역사의

숨결을 찾아 떠나는

서울 여행 63 Go~!

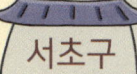 서초구
- 헌인릉 90
- 대성사 목불좌상 94
- 효령대군 이보 묘역 97

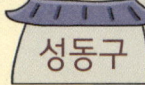 성동구
- 남이 장군 사당터 100

 성북구
- 의릉 103
- 정릉 105
- 흥천사 107

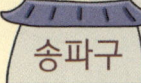 송파구
- 풍납토성 110
- 몽촌토성 112
- 방이동 백제 고분군 114
- 백제 초기 적석총 116
- 삼전도비 119

 용산구
- 경천사 십층 석탑 121
- 서빙고동 부군당 123

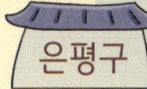 은평구
- 진관사 125

 종로구
- 서울 성곽 128
- 원각사지 십층석탑 130
- 대원각사비 133
- 조계사 135
- 흥인지문 137
- 동묘 140
- 종묘 143
- 북한산 구기리 마애석가여래좌상 146
- 서울 사직단 148
- 경복궁 150
- 창덕궁 154
- 창경궁 161
- 운현궁 165
- 경희궁지 169
- 안평대군 이용 집터 172
- 세검정 174
- 서울 문묘 176

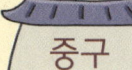 중구
- 숭례문 178
- 보협인 석탑 183
- 덕수궁 184

서울에 숨어있는 문화유산 지도

경천사 십층석탑
(국립중앙박물관)

학도암 마애관음보살좌상

빗살무늬 토기

봉은사

강남구

주소 서울시 강남구 봉은사로 531 (삼성동 73번지)
주요문화재 선불당, 홍무 25년 장흥사 명동종, 김정희서판전 현판
《대방광불화엄경》수소연의초판 등

서울의 강남 빌딩 숲 사이로 천 년 넘게 이어 온 절, 봉은사가 있습니다. 다른 절처럼 고즈넉한 산사는 아니지만 도심 한가운데서 번잡한 세상을 품어 안은 안식처 역할을 하고 있지요.

봉은사는 원래 신라 시대 때 연회 국사가 견성사라는 이름으로 세웠습니다. 그 후 조선 시대에 절 가까운 곳으로 성종의 묘인 선릉이 들어서고, 그 능을 보살피는 봉릉사찰이 되면서 봉은사로 이름이 바뀌었습니다. 사실 조선 시대는 유교를 숭상하고 불교를 억압하는 분위기였지요. 그런데도 봉은사는 더 번창해 전국에서 으뜸가는 사찰이 되었습니다. 왜냐하면 근처의 선릉을 보살피는 사찰로서 중요한 역할을 담당하고, 명종 때 문정왕후와 관련이 깊은 보우 스님이 주지 스님으로 있었기 때문입니다. 문정왕후는 당시 어린 왕을 대신해 나라를 다스렸는데, 보우 스님이 불교를 일으킬 수 있도록 지원을 아끼지 않았답니다. 그래서 봉은사는 스님을 뽑는 시험인 승과 고시를 담당하는 중요한 임무를 맡기도 했습니다.

봉은사 안에는 법왕루·북극보전·선불당·천왕문·일주문 등이 있고, 판전에는 《대방광불화엄경》을 비롯한 많은 목판본이 보관되어 있습니다. 특히 판전의 현판은 추사 김정희가 쓴 것으로 유명합니다.

그중 눈여겨볼 곳에는 선불당과 홍무 25년 장흥사 명동종이 있습니다. 선불당은 승과 고시가 열리던 곳으로 서산 대사, 사명대사 등도 이곳에서 시험을 치렀습니다. 불에 타 없어졌다가 순조 때 다시 지었기 때문에

추사 김정희가 쓴 판전의 현판

선불당
승과 고시가 열렸던 곳으로, 화재가 나 없어졌다가 순조때 다시 지어졌다.

조선 후기의 건축 양식을 잘 간직하고 있는 귀중한 목조 건물입니다.

홍무 25년 장흥사 명동종은 고려가 멸망하고 조선이 건국된 1392년에 만들었다는 기록이 있어 연대를 확실히 알 수 있는 종입니다. 아름다운 문양과 청아한 소리를 내는 한국 고유의 종 형태를 여실히 보여 주고 있습니다.

조선 시대의 봉은사가 전국 불교의 자존심을 지키는 곳이었다면, 오늘날에는 도시인들에게 자연과 천년의 향기를 전해주는 곳입니다.

홍무 25년 장흥사 명동종

 역사 속으로

별난 보우 스님

사회의 분위기를 어지럽히는 별난 스님을 요승이라고 합니다. 신라 시대의 원효 대사도 처음에는 요승이라 불렸지요. 봉은사를 으뜸 사찰로 만든 보우 스님도 당시에는 요승으로 불렸습니다. 조선은 유교를 숭상하고 불교를 억제하는 '숭유억불 정책'을 펼쳤기 때문에 유교 입장에서는 불교를 전파하는 보우 스님이 눈엣가시 같은 존재였지요. 유학자들은 보우 스님을 문정왕후를 꾀여 절의 잇속만 차린 요승으로 취급했습니다.

그러나 불교로서 보우 스님은 모든 압박과 박해를 물리치고 불교를 지킨 위대한 스님입니다. 봉은사를 중심으로 쓰러져 가는 불교를 다시 일으켜 세우기 위해 큰 노력을 기울인 훌륭한 인물인 것이지요. 한 예로 보우 스님은 서산 대사, 사명 대사와 같은 훌륭한 인재를 발굴해 임진왜란 때 스님들이 왜구들을 물리치는 데 앞장서게 했습니다.

1565년 6월 문정왕후가 세상을 떠나자, 각지에서 보우 스님을 귀양 보내라는 유학자들의 상소가 빗발쳤습니다. 결국 그해 6월 보우 스님은 제주도로 유배되었고, 그곳에서 삶을 마감했습니다.

선정릉(삼릉공원)

강남구

주소 서울시 강남구 선릉로 100길 1
주요문화재 선릉, 정릉

성종의 능

정현왕후의 능

중종의 능(정릉)

지하철 2호선, 수인분당선 선릉역은 바로 '선릉'이 있어서 생긴 이름입니다. 우리가 흔히 알고 있는 선릉은 선릉과 정릉이 함께 있는 선정릉을 말합니다. 이곳은 성종과 그의 세 번째 왕비인 정현왕후의 무덤인 선릉과 중종의 무덤인 정릉, 즉 세 개의 능이 있는 곳이라고 해서 삼릉공원이라 부르기도 합니다.

선릉은 조선 초기 문물제도를 완성한 성종과 정현왕후의 무덤입니다. 성종은 조선이 유교 국가로 정착하도록 힘썼으며, 나라를 다스리는 25년 동안 학문을 장려하고 제도를 정비하는 등 많은 업적을 남긴 왕입니다.

조선 시대의 왕릉은 대부분 동원이강 형식을 취하는데, 선릉도 그 형식에 따라 정자각 뒤편에 나란히 서 있는 두 개의 언덕 위에 왕과 왕비의 능이 각각 단릉처럼 만들어졌습니다.

정릉은 성종의 둘째 아들인 중종의 무덤입니다. 1506년(연산군 12)에 연산군의 폭정에 불만을 품은 신하들이 연산군을 끌어내리는 반정을 일으켜 중종을 왕위에 오르게 했습니다. 이를 중종반정이라고 합니다.

중종의 세 번째 왕비였던 문정왕후 때문에 정릉은 다른 왕릉처럼 왕비릉와 함께 만들어지지 않았습니다. 당시 막강한 권력을 잡은 문정왕후는 소원이 있었는데, 자신이 도움을 주고 있는 봉은사와 가까운 선릉 옆에 중종과 함께 묻히는 것이었습니다. 하지만 중종의 능은 두 번째 왕비인 장경왕후가 묻힌 경기도 고양의 희릉에 자리를 잡았지요. 그래서 문정왕후는 그곳이 풍수지리에 좋지 않다는 이유를 들어 중종의 무덤을 이곳 정릉으로 옮겨 왔습니다.

그러나 지대가 낮아서인지 정릉은 여름철에 비가 오면 물이 차 버렸고, 문정왕후는 태릉에 묻히게 되었습니다. 결국 문정왕후의 소원은 이루어지지 않았고, 정릉은 외로이 단릉이 되었습니다.

선정릉
정자각 형태가 정丁자의모양이어서 정자각이라 하며, 능에서 제사를 지낼 때 안에 음식을 차리고 모든 의식을 진행하는 곳이다.

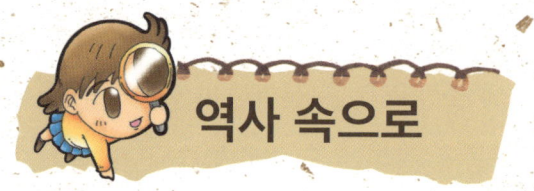

역사 속으로

선정릉의 특별한 두 가지!

첫째, 선정릉은 여름철에 비가 많이 오면 물에 잠겨서 층계를 만들었습니다. 무덤에 물이 차는 것을 좋지 않게 여겼기 때문입니다. 이러한 예는 선릉과 정릉뿐입니다. 둘째, 조선의 왕릉 가운데 왕만 홀로 있는 단릉은 후대에 왕릉이 된 단종의 장릉을 제외하고, 태조의 건원릉과 중종의 정릉뿐입니다. 왕과 왕비의 무덤이 같은 곳에 있는 것을 쌍릉이라 하고, 따로 떨어져 있는 것을 단릉이라 합니다.

선릉의 홍살문

홍살문에서 정자각까지 나 있는 길을 자세히 보면 두 부분으로 나뉜 것을 볼 수 있습니다. 신이 가는 길과 왕이 가는 길로 나뉜 것이지요. 쭉 걸어서 정자각에 도착하면 오르는 계단 역시 두 개가 있습니다. 이 역시도 신과 왕이 정자각으로 오르는 길이지요. 하지만 신은 정자각에 모셔지고 왕만 내려옵니다. 그래서 내려오는 길은 하나뿐입니다. 그리고 오른쪽에 잔디 위로 작은 돌 판이 보이나요? 배위(하얀색 선이 그려진 곳 참조)라고 하는데 무덤을 향해 절을 하는 곳이었지요. 이처럼 홍살문 하나에도 재미있는 이야기가 많이 있었네요.

대모산 불국사

강남구

주소 서울시 강남구 광평로10길 30-71 (서울 강남구 일원동 442)
주요문화재 약사여래불

불국사는 경주에만 있는 것이 아니라 강남구 대모산에도 있습니다. 이 절은 1352년(고려 공민왕 2)에 진정 국사가 세운 곳으로, 처음에는 약사 부처님을 모신 절이라고 해서 약사절이라 불렸지요.

약사절은 오랫동안 근처의 봉은사에 가려 사람들의 관심을 끌지 못하고 대모산에 묻혀 있었습니다.

그러던 어느 날 약사절을 일으켜 세울 인연이 나타났습니다. 바로 조선 말 고종황제입니다.

고종황제는 꿈에 태종이 자주 나타나자 아무래도 태종의 영혼을 달래 주어야 할 듯해 이 절에 부탁을 했다고 합니다. 또한 대모산 남쪽 태종의 무덤인 헌릉에 물이 나는 것을 보고 당시 약사절 주지 스님께 방지책을 물었다고 합니다. 주지 스님은 대모산 동쪽에 수맥을 차단하라고 일러 주었고, 그의 말대로 하자 신기

불국사

원래 약사절로 불렸으나 고종황제가 불국사라는 이름을 내렸다고 한다.

하게도 물이 나지 않았다고 합니다. 그래서 고종황제는 이를 고맙게 여겨 그 보답으로 불국정토를 이루라는 뜻에서 불국사라는 이름을 내렸다고 합니다. 어쩌면 불국사라는 이름은 헌릉에 있는 태종이 약사절에 내린 선물이 아닐까요?

역사 속으로

약사여래불이 의사라고요?

불국사에는 약사여래불이라는 돌로 만들어진 불상이 있습니다.
약사여래불은 '의사'나 '약사' 역할을 하는 불상으로 예부터 아픈 사람이 이 불상에 기도하면 병이 낫게 된다는 이야기가 있지요. 그래서 인지 오늘날에도 많은 사람들이 찾고 있습니다.

약사여래불
의사나 약사 역할을 하는 불상으로 아픈 사람이 이 불상에 기도하면 낫게 된다고 한다.

불국사 약사여래불에는 재미있는 일화가 전해 내려옵니다. 옛날 한 농부가 논을 갈고 있는데, 논 가운데서 소가 앞으로 나아가지 못하고 그대로 서 있었습니다. 가 보니 부처상이 땅속에서 솟아 나와 있었습니다. 농부는 논두렁으로 부처상을 모셔 놓고 봉은사가 큰 절이니 그곳으로 가자고 말했습니다. 그러나 부처상은 꼼짝도 하지 않았답니다. 이번에는 가까운 약사절로 가자고 말했더니 부처상이 솜보다 가벼워졌다고 합니다. 그래서 지금의 불국사로 모셨다고 합니다. 그 논은 현재 지하철 3호선 일원역 근처(대모산 중턱)입니다.

광평대군파 묘역

서울시 유형문화유산 48호로 지정된 '전주 이씨 광평대군파 묘역'이 수서동 대모산에 있습니다. 광평대군은 세종대왕의 다섯째 아들입니다.

승과평

삼성동 봉은사 앞 한국종합전시장 부근에는 조선 시대 스님들을 대상으로 과거 시험을 보던 시험장 '승과평'이라는 벌판이 있었습니다. 그러나 지금은 서울시에서 세워 놓은 표지석만 남아 있습니다.

암사동 선사유적지

강동구

주소 서울시 강동구 올림픽로 875 (암사동 139-2)
주요시설 관리사무실 1동, 박물관 1동, 유구보호각 1동,
선사체험교실 1동, 복원움집 17기, 매표소 1동, 휴게공간 1동 등

　옛날 사람들은 어떻게 살았을까요? 정말 돌도끼로 나무를 베고, 돌끼리 부딪쳐 불을 붙였을지 궁금하지 않나요? 까마득한 옛날, 선사 시대의 유적을 볼 수 있는 곳이 흔하지는 않습니다. 하지만 암사동에 가면 선사 시대 유적과 만날 수 있습니다.

　암사동은 지금으로부터 약 6,000여 년 전에 신석기 시대 사람들이 살았던 곳으로, 오랫동안 땅속 아래 꼭꼭 숨어서 비밀스럽게 버티고 있었습니다. 그러다가 1925년 서울에 큰 홍수가 일어나 발견되었지요. 그때 처음 수많은 빗살무늬토기 조각이 드러나면서 과거의 비밀로 다가갈 수 있는 통로가 있다는 것을 알게 되었습니다.

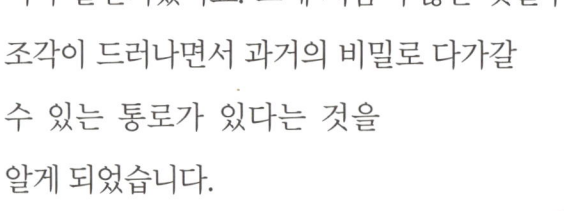

그러나 본격적으로 발굴을 시작한 시기는 1980년대부터입니다. 토기 같은 유물뿐만 아니라 움집터도 발굴되었습니다. 집이라고 하기에는 아주 단순한 형태의 움집이지만 그것을 원래대로 다시 만들면서 암사동 선사유적공원이 조성되었습니다.

신석기 시대 사람들은 어떻게 살았을까요?

신석기 시대 사람들은 강가나 해안가에서 움집을 짓고 무리를 지어 살았습니다. 가족 단위로 마을을 이루어서 모여 사는

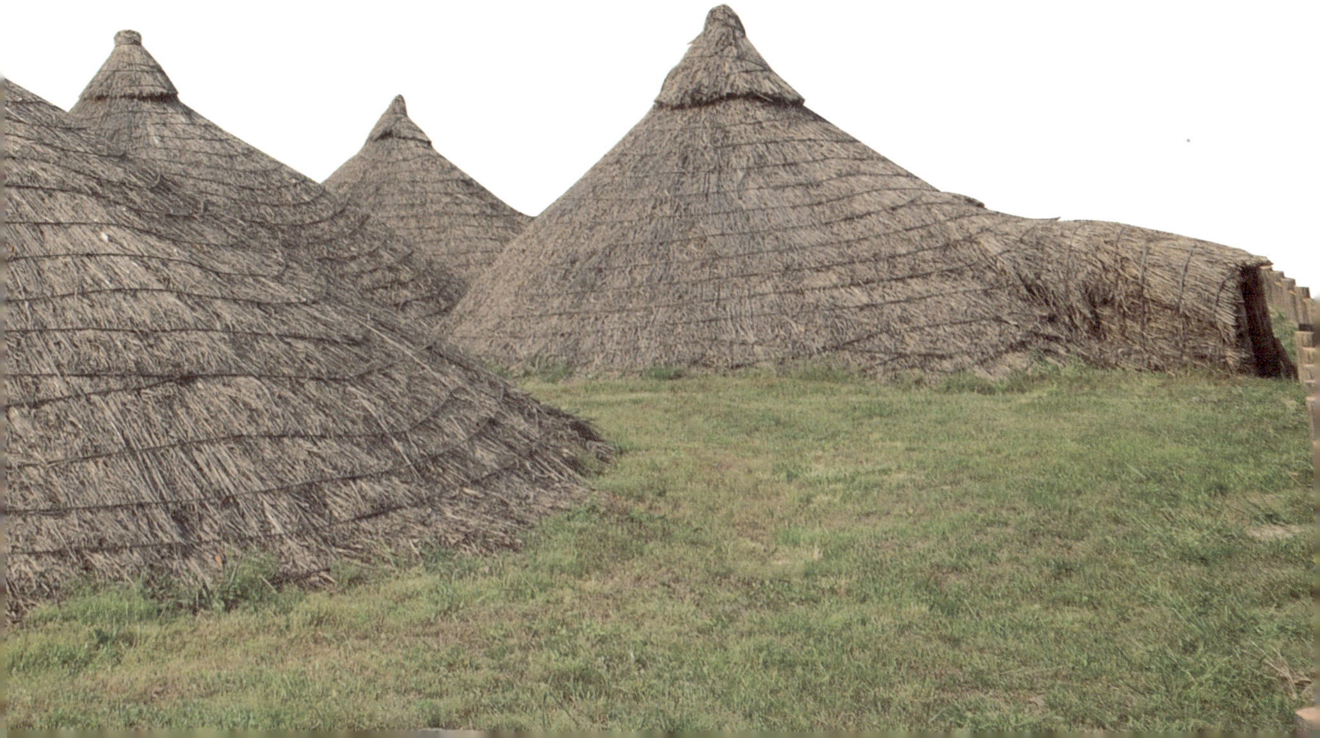

신석기 시대의 집터

'씨족공동체' 사회였지요.

그들은 흙을 이용해 토기를 만들고 돌을 갈아 다양한 도구를 만들었습니다. 그리고 도구를 이용해 산에서 짐승을 잡고 나무 열매를 따기도 하고 바다에서 해산물을 채취하거나 고기잡이를 해 식량을 저장해 두기도 했지요. 나중에는 밭을 일구는 돌낫이나 보습 등을 만들어 농사를 지었으며 가축을 키워 좀 더 많은 식량을 얻을 수 있었습니다.

신석기 시대의 대표적인 유물은 집터와 빗살무늬 토기를 비롯해 돌도끼·돌화살촉·긁개 등의 생활 도구와 돌낫·보습과 같은 농기구 등이 있습니다.

빗살무늬 토기

빗살무늬 토기는 나무나 동물의 뼈를 이용해 겉면에 빗살 같은 기하학적인 무늬를 새긴 그릇입니다. 신석기 시대에 정착 생활과 농사를 시작하면서 식량을 저장하거나 요리를 할 수 있는 그릇이 필요해 처음 만들어졌지요. 크기 또한 다양한데, 큰 것은 곡식을 저장하고, 중간 것은 음식을 만들고, 작은 것은 음식을 담는 그릇으로 쓰였다고 합니다.

화계사

강북구

주소 서울시 강북구 화계사길 117 (수유동 487)
주요문화재 대웅전, 보화루, 명부전, 지장보살상, 시왕상, 삼성각, 동종

다포양식
기둥과 기둥 사이에 여러 개의 포를 넣은 공포 양식이다.

　화계사는 삼각산에 있는 절로, 서울 중심부에서 아주 가까운 거리에 있으면서도 경치가 빼어나고 울창한 숲속에 있습니다. 그래서 매우 고요하고 아늑한 분위기를 풍기는 곳이지요.

　1522년(중종 17)에 신월 선사가 처음 세웠으며, 왕실이나 궁녀들이 많이 찾았지요. 광해군 때 불이 나 없어졌지만, 흥선대원군이 시주해 다시 고쳐 지은 후에는 궁에서 더 많이 찾아서 '궁절'이라고 할 정도였다고 합니다.

　화계사는 대웅전과 동종으로 유명합니다.

　대웅전은 석가모니를 대표 불상으로 모시고 있는 화계사의 중심 건물로 다포 양식으로 지은 목조 건축물입니다.

동종
종을 매다는 부분에 두 마리 용이 조각되어 있다. 전각 안에 들어 있어 사진으로는 볼 수 없다. 꼭 직접 가서 확인해 보자.

동종은 조선 숙종 때 만들어졌습니다. 종을 매다는 고리 부분에 두 마리의 용을 조각한 것이 특징으로, 사실적이면서 화사해서 아주 빼어난 작품으로 평가받고 있습니다. 이 밖에도 오탁천 烏啄泉이라는 특이한 약수터가 있습니다. 오탁천은 까마귀가 주둥이로 바위를 쪼아 약수가 나왔다고 해서 붙여진 이름입니다. 흥선대원군은 이 약수로 피부병을 고치기 위해 화계사에 머물렀다고 합니다.

오탁천
까마귀가 쪼아 약수가 나왔다고 해서 붙여진 이름이다.

역사 속으로

화계사와 흥선대원군의 인연

어느 여름날 흥선대원군이 초라한 차림으로 화계사를 찾게 되었습니다. 당시는 왕실의 근친인 안동 김씨가 강력한 권세를 잡고 온갖 나랏일을 마음대로 하던 때였습니다. 그래서 흥선대원군이 왕손이라 하더라도 차림을 갖춰 입을 처지가 아니었지요.

서울에서 십리 길이라 화계사 입구에 도착하자 흥선대원군은 몹시 갈증이 났습니다. 그런데 마침 절 앞 느티나무 아래에서 웬 동자승이 기다렸다는 듯이 아무 말 없이 꿀물을 내밀었습니다. 너무 놀라 이유를 묻자, 동자승은 여전히 아무 말도 하지 않고 그 일을 시킨 만인 스님에게 데려갔습니다.

흥선대원군은 안동 김씨가 부리는 권세를 되찾고 싶은 마음이 있었습니다. 만인 스님은 흥선대원군의 이런 속마음을 훤히 알고 있었지요. 마음을 들킨 흥선대원군은 대놓고 안동 김씨에게서 권세를 되찾을 수 있는 방법을 가르쳐 달라고 스님에게 매달렸습니다. 이에 흥선대원군과의 인연을 업보로 여긴 만인 스님은 그 방법을 일러 주었습니다.

"충청도 덕산 가야산의 가야사 금탑 자리가 왕을 만드는 터이니, 아버지인 남연군 묘소를 그리로 옮기면 제왕이 될 귀한 왕손을 얻을 것입니다."

흥선대원군은 만인 스님이 일러 준 방법대로 묘소를 옮겼고, 결국 그의 아들이 조선의 임금이 되었습니다. 그가 바로 조선의 26대 임금인 고종황제입니다.

화계사에는 흥선대원군이 직접 쓴 현판 글씨가 여럿 있습니다. 그것만으로도 화계사와 흥선대원군의 인연이 어느 정도인지 짐작할 수 있을 것입니다.

흥선대원군이 쓴 현판

도선사

강북구

주소 서울시 강북구 도선사길278 (우이동 264)
주요문화재 마애석불, 목아미타·대세지보살좌상, 석나반존자(독성)상

   도선사는 862년(신라 경문왕 2)에 도선 국사가 '천 년 뒤에 불교가 다시 번성할 것'이라고 미리 앞날을 짐작해 세운 절이라고 합니다. 무엇보다 나라를 지키는 일과 연관이 깊은 절이지요. 북한산성을 쌓을 때 승병들이 이 절에서 돌아가면서 당번을 서기도 했습니다. 1904년에는 나라를 위해 기도하는 국가기원도량

(부처나 보살이 도를 얻는 곳)으로 지정받았습니다.

도선사의 대웅전 뒤편에는 높이 20미터 정도의 커다란 바위 면 전체에 얕게 새겨진 마애석불이 있습니다. 바위 한쪽 면에 조각해 입체적인 느낌은 떨어지지만, 서민의 얼굴을 닮아 정겨운 느낌이 들지요.

역사 속으로

장풍을 날려 새긴 불상

도선사 마애석불은 도선 국사가 장풍을 날려 새긴 불상이라고 합니다. 도선 국사가 도선사를 세울 때 절 뒤편에 큰 바위가 있었는데, 그것을 손으로 갈라서 관음보살상을 새겼다는 전설이 전해지지요. 그러나 역사학자들은 마애석불을 조선 중기 이후의 작품으로 추정합니다. 그런데도 바위에 새겨진 이 불상이 정(돌에 구멍을 뚫거나 돌을 쪼아서 다듬는 쇠로 만든 연장)을 사용한 흔적이 없다는 사실에는 놀라워합니다. 그렇다면 도선 국사가 천 년 뒤에 일어날 조선 시대 미술 작품의 특징을 미리 알고 불상을 새긴 걸까요?

도선사 마애석불
도선 국사가 장풍을 날려 새겼다고 전해진다.

양천향교

강서구

주소 서울시 강서구 양천로47나길 53

양천향교는 서울에서 볼 수 있는 유일한 향교입니다. 1411년 (태종 11)에 처음 세워졌으며, 이 지역의 인재들을 교육하고 유교의 제사를 담당했습니다. 이 일대는 겸재 정선이 그린 진경산수화의 배경이 될 정도로 아름다운 경치를 자랑하는 곳이니 몸과 마음을 수양하기에 무척이나 좋았겠지요?

그러나 근대화로 교육제도가 신식으로 바뀌면서 양천향교는 점차 기능을 잃었습니다. 마침내 1909년(융희 3년)에 폐지당해 더 이상 학교의 역할을 할 수가 없었습니다.

현재 양천향교가 있던 양천향교지에는 8개의 건물이 남아 있습니다. 1981년 복원해 서울특별시 기념물로 지정되었지요.

이곳에서는 지금도 지역 주민과 학생들에게 예절 교육과 한문, 서예 사군자 등을 가르쳐 준다고 합니다. 또한 해마다 봄과 가을에 공자를 비롯한 유교의 성현들을 위한 제사인 석전제를 지낸다고 하니 참석해 보는 것은 어떨까요?

역사 속으로

향교는 어떤 곳일까요?

옛날 사람들도 학교에 다녔을까요? 조선 시대에도 지금처럼 단계별 교육기관이 있었습니다. 서당과 향교가 바로 그것입니다.

향교는 국가가 관리하는 중등 교육기관이라고 할 수 있습니다. 국립

대학에 해당하는 성균관보다는 낮은 단계의 학교라고 볼 수 있지요.
  향교에서는 유교의 창시자인 공자를 비롯한 유학으로 이름을 날렸던 성현들의 제사를 모시는 문묘 행사를 치르고, 지방 향리들의 자제를 교육했습니다. 그러나 조선 중기 이후 사림 세력을 커지게 했던 서원이 발달하자 기능이 약해졌습니다. 게다가 근대화가 되면서 현대적 교육기관이 생겨나 그마저도 자리를 지킬 수가 없었지요. 당시 많은 향교가 해체되고 지금 남아 있는 향교는 전국적으로 230여 곳 정도입니다.

장수향교

우리나라의 3대 향교(나주, 강릉)로, 임진왜란 때에도 피해를 당하지 않아 건물이 잘 보존되어 있다.

약사사

강서구

주소 서울시 강서구 금낭화로17길 261 약사사 (개화동 332-1)
주요문화재 3층 석탑, 석불

약사사 3층 석탑
석탑 단층의 기단에 몇 개의 돌만 올려놓은 듯해 형태가 좀 초라하다. 그러나 바로 이것이 고려 후기의 불교 미술 양식을 대표하는 것이라 한다.

　개화사 중턱에 자리 잡은 약사사는 원래 조선 후기 순조 이전까지 개화산의 산세가 한 송이 연꽃의 형상과 같다고 해서 개화사로 불렸습니다. 신라 시대의 절이라는 기록은 있지만 정확한 연대는 알 수 없다고 합니다. 약사사에는 고려 후기의 것으로 추정되는 3층 석탑이 있습니다.

　약사사 3층 석탑은 단층의 기단에 아무런 장식이 없어 형식적으로 만든 듯한 느낌이 듭니다. 그냥 덩그러니 기단 위에 몇 개의 돌을 쌓아 놓은 모습이지요. 또한 흘러 버린 세월만큼 상하고 닳아 윗부분은 없어진 상태입니다. 그래서 이 석탑은 훌륭한 작품이라고 보기 어렵지요. 그런데 이러한 특징이 바로 불교 미술이 쇠퇴해 예술성이 떨어지는 고려 후기의 석탑 양식이라고 합니다. 그러므로 약사사 3층 석탑은 고려 시대의 미술 양식을 잘 간직한 탑이라는 데 큰 가치가 있습니다.

　또 하나 약사사에는 3층 석탑과 함께 꼭 보아야 할 문화재가 있습니다. 바로 머리에 동그란 돌갓을 쓴 석불이지요. 이 석불은 3층 석탑과 달리 조선 초기에 제작된 것으로 보입니다. 갓

약사사 석불
불상의 모습이라기보다는 석인상이나 장승 모양을 하고 있다. 그래서인지 왠지 더욱 친근하게 느껴진다.

밑에 새겨진 글이 있어, 그렇게 추정하고 있습니다. 처음에는 아랫부분이 땅속에 묻힌 채 세워져 있었는데, 지금 위치하고 있는 법당으로 옮기면서 전체 모습을 볼 수 있게 되었습니다. 흔히 사찰에서 볼 수 있는 불상의 특징을 갖추지 않고, 마치 무덤을 지키는 석인상이나 민간신앙의 대상인 장승 모양을 하고 있습니다. 토속적인 느낌이 많이 배어 나와 친근감을 주는 석불입니다.

역사 속으로

왜 석탑은 3층이 많을까요?

우리나라 석탑 중에는 홀수 층이 많지요. 2층이나 4층 등 짝수로 된 것은 거의 없고, 3층, 5층, 7층 등 홀수로 되어 있습니다. 특히 3층 석탑이 많답니다. 왜 그럴까요? 보통 석탑은 절에 있으므로 불교의 영향 때문이라고 생각하기 쉽지요. 그러나 그보다는 탑을 쌓았던 당시 사람들이 관심을 가지고 있던 생각에서 비롯되었습니다. 옛 사람들은 3을 완전한 수라고 여겼답니다. 하늘, 땅, 사람이라는 천天·지地·인人을 의미한다고 보았지요. 그리고 3은 처음과 중간과 끝을 모두 포함하고 있어서 전체를 말하기도 합니다. 이제 우리나라에 3층 석탑이 유난히 많은 이유에 대해 조금 이해가 되나요?

부처바위 3층 석탑

자운암

관악구

주소 서울시 관악구 관악로 1 서울대학교 신공학관(신림동 산56-1)
서울대 신공학관 입구에서 자운암 안내표지판을 따라가세요.

자운암은 관악산에 있는 많은 암자 중 하나로, 계곡길인 자하동 뒷산에 자리한 아담한 절입니다. 이 절에는 조선을 세운 태조 이성계가 어머니의 극락왕생(불교에서 사람이 죽은 후 다른 세상에 가서 다시 태어나는 것)을 빌고 관악산의 불 기운을 막기 위해 무학 대사에게 세우라고 했다는 이야기가 전해 내려옵니다.

무학 대사는 서울을 조선의 도읍지로 정한 인물인데, 그가 세운 절이니 자운암의 역사는 600년이 넘습니다. 하지만 세상에 널리 알려진 무학 대사와는 다르게 옛 유적이나 유물은 나오지

> **자운암**
> 자운암 조선의 신위가 시를 남길만큼 풍경이 아름다웠던 암자로,,무학 대사가 태조의 명에 따라 지었다고 한다.

무학대사(1327~1405)

않아 아쉬울 따름입니다.

　조선 정조 때 시와 글, 그림에 뛰어나 삼절三絶이라 불리던 신위는 자운암의 정경을 시로 노래하기도 했습니다. "시내를 따라 백옥 같은 언덕으로 가는 길은 익숙해, 시와 선으로 자운암에서 입정하네"로 시작하는 시 <자운암>은 관악산의 아름다운 옛 풍경을 잘 그려 냈습니다. 또한 자운암에는 성종의 어머니 소혜왕후를 모신 위패가 지금까지 보존되어 있습니다.

역사 속으로

불을 품은 관악산

　관악산은 풍수지리설에 의하면 본래 화산火山이라 합니다. 무학 대사는 서울이 도읍지로서 손색이 없지만 관악산이 불의 기운을 가지고 있기 때문에 대비를 해야 한다고 했습니다. 그래서 조선 태조 이성계는 서울에 도읍을 정하면서 화기를 끄기 위해 경복궁 앞에 해태상을 세우고, 관악산 중턱에 물동이를 묻었다고 합니다.

　또한 관악산은 숭례문과도 연관이 있습니다. 숭례문의 현판은 양녕대군이 썼다고 전해집니다. 보통 다른 문의 현판은 가로로 쓰여 있는데 숭례문은 세로로 쓰여 있습니다. 왜냐하면 숭례崇禮의 두 글자를 세로로 겹치면 불꽃[炎]이 타오르는 형상을 의미해 경복궁을 마주 보는 관악산의 화기를 누르기 위한 것이라 합니다.

봉천동 마애미륵불

관악구

주소 서울시 관악구 봉천동 산 4-9

미륵불이란 다가올 미래에 중생을 구제한다는 불상이라고 합니다. 관악산을 올라 북쪽 중턱에 이르면 우뚝 솟은 큰 바위가 있는데, 그곳에 늘씬한 몸매의 '미륵불'을 형상화한 마애미륵불이 얕게 새겨져 있습니다.

봉천동 마애미륵불은 어깨가 둥그스름하게 깎이고 얼굴은 갸름한 편이며 손에는 연꽃을 들고 있어 더 우아하게 보이지요. 특히 조선 전·후기를 이어 주는 과도기의 대표적 작품으로 각 부분이 세밀하게 조각되어 매우 우수한 작품으로 평가받고 있습니다.

봉천동 마애미륵불 옆에는 1630년 인조 때 박산회 부부의 시주로 이루어졌다는 내용이 자세하게 새겨져 있지요. 1630년대라는 사실적 기록은 조상의 발자취를 더듬을 수 있는 좋은 자료로 가치가 높습니다.

낙성대

관악구

주소 서울시 관악구 봉천동 228
주요문화재 안국사, 3층 석탑

귀주대첩의 명장 강감찬 장군! 그가 태어난 곳이 바로 낙성대입니다. 강감찬 장군이 태어날 때 하늘에서 별이 떨어졌다고 해서 '낙성대'라는 이름이 생겼다고 합니다. 이처럼 강감찬 장군은 태어날 때부터 세상의 관심을 받고 자랐으며 많은 설화로 주목받은 예사롭지 않은 인물입니다.

낙성대 표지석
입구에 세워진 표석으로, 박정희 전 대통령이 성역화했다는 내용이 쓰여 있다.

강감찬 장군 사적비
1976년 낙성대를 건립하면서 세운 비이다.

강감찬 장군의 가장 유명한 업적은 귀주대첩으로 거란을 막아 낸 일입니다. 당시 사람들은 강감찬 장군의 공적을 기리며 그의 집 앞에 3층 석탑을 세웠습니다. 그리고 이 탑의 첫 층 탑신 앞면에는 '강감찬 낙성대'라는 문장을 새겼지요. 그래서 사람들은 탑 이름을 '강감찬탑' 혹은 '강감찬 낙성대탑'이라 불렀답니다.

현재 낙성대는 서울특별시에서 강감찬 장군의 애국정신을 기리고자 지은 안국사가 있고, 그 일대가 공원으로 조성되었습니다.

역사 속으로

고려의 명장 강감찬 장군

발해를 무너뜨린 거란은 고려와 맞닿아 있어서 호시탐탐 고려를 노리고 있었습니다. 그러던 어느 날 거란의 소배압이 10만 대군을 이끌고 고려에 쳐들어왔습니다. 벌써 세 번째 침공이었지요. 하지만 강감찬 장군은 총사령관 격인 상원수가 되어 곳곳에서 거란군을 쳐부수었습니다. 귀주에서 벌인 전투는 모르는 사람이 없을 만큼 유명해 귀주대첩이라 불렀습니다. 뛰어난 전술을 이용해서 아군의 피해를 줄이고 수많은 거란군을 무찔렀기 때문입니다.

먼저 강감찬 장군은 정예 기병 1만 2000명을 산기슭에 숨어 있게

한 후 큰 새끼줄로 쇠가죽을 꿰어 성 동쪽의 냇물을 막아 두었습니다. 그리고 거란군이 그곳을 지날 때 일시에 물을 내려보냈지요. 이 전투로 거란의 10만 명 군사 가운데 살아남은 자는 겨우 수천 명에 불과했다고 합니다.

 강감찬 장군이 고려 시대의 명장이란 것을 알았는지, 임진왜란 때에는 왜군들이 3층 석탑을 훼손하는 일이 생겼습니다. 석탑의 큰 돌을 비틀고 탑의 위층을 빼어 한 층을 낮추어 버렸지요. 왜군들은 석탑에 강감찬 장군의 정기가 서려 있다고 믿었던 것입니다. 그리고 탑을 훼손하는 것으로도 모자랐는지 탑 안에 있던 보물까지 훔쳐 갔다고 합니다.

귀주에서 거란군을 섬멸하는 강감찬 장군

석약사불좌상

금천구

주소 서울시 서울 금천구 호암로 278(시흥동)

　석약사불좌상은 관악산의 동쪽 봉우리인 삼성산 호압사에 있습니다. 돌로 된 석石상, 중생의 모든 병을 치료해 주고 더 오래 살도록 도와주는 약사藥師상, 그리고 앉아 있는 좌坐상, 이를 모두 합치면 석약사불좌상이라는 이름이 됩니다. 불상의 손에는 약상자가 들려 있어 어떤 역할을 하는 불상인지 쉽게 알 수 있지요.
　조선 초기 불상들은 대부분 얼굴이 크고 못생겼으며 잘 다듬어지지 않았습니다. 석약사불좌상 역시 마찬가지입니다. 최근에는 금물을 덧칠해 석불 고유의 느낌이 사라졌습니다.

역사 속으로

조선 태조와 호압사

호압사는 조선 시대의 서울, 한양과 관련이 깊은 절입니다. 호압사가 세워진 데에는 두 가지 설화가 전해 내려오는데 그중 하나가 한양과 관계가 있기 때문입니다.

먼저 하나는 《신증동국여지승람》 <금천조>에 나오는 이야기에서 비롯되었습니다.

금천의 동쪽에 있는 산의 우뚝한 형세는 호랑이가 걸어가는 것과

> **호압사**
> 호랑이 형상을 한 산봉우리 꼬리 부분에 지은 절이라는 전설이 내려온다.

같고, 그런 중에 험하고 위태한 바위가 있는 까닭에 호랑이 바위 虎巖 라 부른다. 술사가 이를 보고 바위 북쪽에 절을 세워 호갑虎岬이라 했다.

그리고 다른 하나는 1394년(태조 3) 한양에 궁궐을 지으면서 일어난 이야기입니다. 전국에서 일꾼을 모아 태조가 궁궐을 세울 때였습니다.

이상하게 낮에 지은 궁궐이 밤이 되면 무너져 버리는 일이 여러 차례 생겼지요. 그러던 어느 날 캄캄한 밤에 괴물이 나타났습니다. 반은 호랑이고 반은 형체조차 알 수 없는 기이한 동물이었지요. 이 괴물은 눈으로 세찬 불꽃을 내뿜으며 건물을 들이받으려고 했습니다. 그래서 태조는 괴물에게 화살을 쏘라고 명령했지요. 병사들이 쏜 화살이 빗발쳤지만, 괴물은 끄떡하지 않고 궁궐을 무너뜨리고는 사라졌습니다.

태조는 실망에 잠긴 채 잠자리에 들었습니다. 그런데 한 노인이 나타났습니다.

"한양은 좋은 도읍지이지만, 한강 남쪽의 산봉우리 하나가 호랑이 머리를 하고 있어서 궁궐을 짓기가 힘들 것입니다."

"그럼, 어떻게 해야 합니까?"

태조는 노인에게 방법을 가르쳐 달라고 했습니다.

"호랑이 형상을 한 산봉우리의 꼬리 부분에 절을 지으면 모든 일이 풀릴 것입니다."

노인은 이렇게 말하고 홀연히 사라졌습니다.

다음 날부터 태조는 이곳에 절을 짓고 호압사라고 명했다고 합니다.

태릉·강릉

노원구

주소 서울시 노원구 화랑로 681 (공릉동 산223-19)

    태릉은 중종의 세 번째 왕비인 문정왕후 윤 씨의 무덤입니다. 문정왕후는 중종의 두 번째 왕비인 장경왕후가 1515년(중종 10) 인종을 낳고 7일 만에 죽어 버리자 2년 후에 왕비로 책봉되었지요. 그 후 아들인 명종이 어린 나이에 즉위하자 8년 동안이나 어린 왕을 대신해 나라를 다스리는 수렴청정을 했습니다.

    비록 문정왕후가 중종 옆에 묻히고 싶어 했던 자신의 소원은

태릉 비각
능의 비를 모신 전각으로, 비에는 왕과 왕비의 일대기가 적혀 있다.

이루지 못했지만, 태릉은 왕이 아닌 왕비의 무덤이라고는 믿기 어려울 만큼 매우 거대한 느낌을 줍니다.

무덤의 형식은 단릉이며, 석물은 국가의 예법에 충실히 따랐습니다. 무덤 주위에는 구름 무늬와 십이지신상이 새겨진 병풍석(병풍처럼 둘러 세운 긴 네모꼴의 넓적한 돌)을 둘렀으며, 그 바깥을 난간석으로 다시 감쌌지요. 주변에 배치된 문무석인은 얼굴이 매우 크고 목이 짧은 형태로 입체감이 떨어집니다.

무덤 언덕 아래에 있는 정자각은 한국전쟁 때 부서져 주춧돌과 뼈대만 남아 있었으나 1994년에 복원되었습니다.

강릉은 조선 13대 임금 명종과 인순왕후 심 씨의 무덤입니다. 명종은 중종의 둘째 아들이지만, 병약한 형 인종이 왕위에 오른 지 얼마 되지 않아 죽자 12세의 어린 나이에 왕이 되었지요.

명종이 성인이 되어 어머니의 수렴청정이 끝나자, 그는 외척들이 권세를 부리는 것을 막고 인재를 골고루 등용해 좋은 정치를 베풀고자 했습니다. 그러나 힘이 모자라 결국 제대로 뜻을 펴지 못한 채 34세에 세상을 떠나게 됩니다. 그러자 또 명종의 아들 선조가 어린 나이에 왕위에 오르게 되었습니다. 명종의 왕비인 인순왕후 심 씨 역시 시어머니인 문정왕후처럼 어린 왕 선조를 대신해 이듬해까지 수렴청정했습니다.

　태릉과 달리 강릉은 두 개의 무덤이 같은 언덕에 있는 쌍릉입니다. 무덤 주위에 병풍석과 난간석을 둘렀고, 망주석, 문·무인석, 마석 등 여러 가지 석물들이 배치되어 있습니다. 무덤 언덕 아래에는 정자각과 비각, 입구에는 홍살문이 있습니다.

역사 속으로

수렴청정이란 무엇일까요?

　태릉과 강릉에 묻힌 두 왕비 모두 수렴청정을 한 인물이지요. 수렴청정이란 나이 어린 왕이 왕위에 올랐을 때 성인이 될 때까지 왕대비나 대왕대비가 국정을 대신 처리하던 일을 말합니다. 왕대비가 신하를 접견할 때 그 앞에 발을 늘인 데서 유래한 말입니다.

　우리나라 역사상 수렴청정에 대한 기록은 아주 옛날까지 거슬러 올라갑니다. 53년 고구려 6대 임금 태조가 7세로 즉위하자 태후太后가 처음으로 수렴청정했다고 합니다. 고구려에서 한 번, 신라에서 두 번, 고려에서 네 번, 조선에서 여덟 번 이루어졌지요. 조선 시대에 처음으로 수렴청정을 한 사람은 14세에 즉위한 예종의 어머니 정희왕후입니다. 수렴청정으로 나랏일이 외척의 손에 휘둘러졌는데, 특히 조선 후기에는 안동 김씨의 권세가 하늘을 찔렀다고 합니다.

학도암 마애관음보살좌상

노원구

주소 서울시 노원구 중계본동 산 102

학이 찾는 곳이라면 분명 경치가 좋은 곳이겠지요?

불암산 중턱에 있는 학도암은 '학이 찾아드는 곳'이라는 이름만큼 빼어난 경치를 자랑하는 절입니다. 불상이 없는 절은 없겠지만 이곳에는 특별한 불상이 있습니다.

학도암 마애관음보살좌상은 부처의 모습을 바위에 새겨 놓은 마애불입니다. 암벽이나 구릉에 새긴 불상, 또는 동굴을 뚫고 그 안에 조각한 불상을 마애불이라고 합니다. 학도암 뒤쪽에 있는 커다란 바위 면에 13.4미터 높이로 새겨진 관음보살좌상이지요. 돌에 새긴 부처 조각이라기보다는 한 폭의 그림이라 느껴질 정도입니다.

새침한 인상을 풍기는 학도암 마애관음보살좌상은 가슴 한복판에 구멍이 나 있습니다. 이 구멍을 복장이라고 부르는데 불경이나 사리(성자의 유골로 화장한 뒤에 나오는 구슬 모양의 것)를 넣어 두는 곳입니다. 사람들은 이곳으로 불상에 영험한 기운이 깃든다고 믿었습니다.

> **학도암 마애관음보살좌상**
> 학도암 뒤쪽에 있는 바위 면에 새겨진 거대한 관음보살좌상으로, 한 폭의 그림처럼 느껴진다.

학도암 마애관음보살좌상 왼쪽 벽면에는 문장이 새겨져 있습니다. 1870년(고종 7)에 명성황후가 부처님께 소원을 빌기 위해 만들었다는 내용 등이라고 합니다. 이러한 문장은 내력을 알려주는 중요한 자료로 가치가 높습니다.

노원구 문화재 특징

노원구 문화재에는 특징이 있는데, 이윤탁 한글 영비를 비롯해 유난히 비석이 많다는 것입니다. 연령군 이훤 신도비, 정간공 이명 묘역의 신도비, 충숙공 이상길 묘역의 신도비 등이 있습니다. 비석을 찾아 그 비석의 주인공에 관해 알아보는 것도 좋은 역사 공부가 될 것입니다.

천축사

도봉구　주소 서울시 도봉구 도봉산길 92-2(도봉1동 549)

　천축사는 도봉산 만장봉 동쪽 기슭에 자리해 조용하고 경치가 뛰어납니다. 그래서 고요히 도를 닦는 절로 이름이 높은 곳입니다. 뒤편으로 선인봉이 날렵하게 우뚝 솟아 있어 웅장한 분위기를 느끼게 해주며, 입구에 수많은 불상이 나란히 서 있어 고상한 멋을 더해 줍니다.

　이 절은 673년(신라 문무왕 13)에 의상 대사가 제자에게 암자를 짓게 해서 생긴 곳입니다. 그래서 처음에는 천축사가 아니라 '옥천암'으로 불렸지요. 향기로운 샘물이 솟는다는 의미에서 지었는데, 지금까지도 맑고 깨끗한 샘물인 옥천수가 있습니다. 천축사로 이름이 바뀐 것은 조선 태조 이성계가 이곳에서 백일기

> **천축사**
> 처음에는 옥천암으로 불렸다가 조선 태조 이성계가 이곳에서 백일기도를 드리고 나서 절을 크게 지은 후 천축사로 이름이 바뀌었다.

천축사 입구 불상

도를 드리고 나서 절을 더욱 크게 지은 후부터였습니다. 이미 고려 시대 때 인도 승려 지공이 이곳을 보고, 천축국(고대 중국에서 인도를 부르던 호칭)의 영축산과 비슷하다고 한 적이 있어서 절의 이름이 천축사가 되었다고 합니다. 천축국은 부처가 태어난 곳이니, 천축사는 부처가 있는 절이라 할 수 있겠지요.

옥천수

만월암 석불좌상

도봉구 주소 서울시 도봉구 도봉동 산 29

만월암은 천축사와 마찬가지로 의상 대사가 세운 암자라는 설이 있지만 정확한 기록은 남아 있지 않습니다. 의상 대사가 도봉산에 머물렀으니 가능한 추측이겠지요. 암자란 보통 작은 절을 말하는데, 만월암 역시 석불좌상을 모신 만월보전이라는 석굴법당만이 쓸쓸하게 자리를 지키고 있습니다.

사람의 몸과 비슷한 크기인 만월암 석불좌상은 아담하고 단정한 모습으로 아주 깔끔한 인상을 줍니다. 으뜸가는 부처를 말하는 본존불로 약사여래불이지요. 양쪽에 관음보살과 지장보살이 나란히 있어, 불상 세 개가 나란히 있는 삼존불 형식을 갖추고 있습니다. 이 불상들은 모두 흰색으로 칠해져 있습니다.

이곳 불당의 벽에는 불상에 대한 기록이 남아 있어 중요한 연구 자료가 됩니다.

만월보전

만월암 석불좌상

연산군묘

도봉구　주소 서울시 도봉구 방학동 산77

조선 시대 최고로 포악한 왕은 누구였을까요? 역사의 평가는 한결같이 연산군을 지목합니다. 폭군을 대표하는 연산군이 거창군 부인 신 씨와 함께 묻혀 있는 곳이 바로 도봉구 방학동에 있는 연산군묘입니다.

연산군은 한때 조선의 왕이었지만 왕의 자리에서 쫓겨났기 때문에 연산군묘는 왕의 무덤인 능이 되지 못하고 왕자의 신분인 군의 묘지가 되었습니다. 유배지 강화도에서 죽음을 맞이해서 영원히 그곳에 묻힐 운명이었지만, 부인 신 씨의 청으로 죽은 지 7년 만에 이곳으로 오게 되었습니다.

연산군묘는 대군으로 예우해 '연산군지묘'라는 비석과 돌기

> **연산군묘**
> 대군으로 예우해 여러 석물 등을 갖추었으나 다른 왕릉에 비해 초라한 모습이다.

둥, 석물 등을 갖추기는 했으나 다른 왕릉에 비해 초라한 모습이지요. 또한 연산군과 그의 부인 거창 신씨, 둘째 부인인 의정궁주 조씨, 사위 구문경과 딸의 묘가 함께 있는 가족묘입니다.

비록 연산군묘는 초라하지만, 주변에는 다른 볼거리가 있습니다. 830여 년 된 은행나무와 묘 입구부터 연산군묘와 비교될 만큼 잘 조성된 묘역이 있지요. 그 묘역의 주인은 바로 세종대왕의 둘째 딸 정의공주입니다. 또한 이곳에는 정의공주의 부군 안맹담의 신도비가 있는데, 아쉽게도 공개하지 않아 볼 수 없습니다.

역사 속으로

왜 연산군은 폭군으로 기억될까요?

연산군이 폭군이 된 까닭을 단지 그의 성품으로만 판단할 수 없겠지요. 한 나라를 책임지는 왕의 자리에 있었으니 말입니다. 연산군을 폭군으로 보는 데는 두 가지 사화가 가장 큰 영향을 미쳤습니다. 사화란 신하들이나 선비들이 정차적 반대파에게 몰려 귀양을 가거나 죽임을 당하는 일을 말합니다.

먼저, '무오사화'를 들 수 있는데, 이것은 역사를 기록하는 사관 김일손 때문에 일어났습니다. 김일손은 자기의 스승 김종직이 단종을 죽인 세조에 대해 비판한 글을 실록에 포함했습니다. 왕은 원래 실록을 볼 수 없었는데, 연산군은 그것을 무시하고 실록을 보았을 뿐만 아

나라 자신의 선조인 세조를 비판했다고 죄를 물었습니다. 이것이 바로 무오사화입니다. 이때 사림파(조선 초기 김종직, 조광조 등을 중심으로 해서 시골에 묻혀 학문에 힘쓰던 문인들의 한 무리. 성종 때부터 중앙 정부에 진출했으나 사화에 희생되었다가 선조 때에 기반을 확고히 함)의 많은 인물이 죽거나 귀양을 가게 되었습니다.

또 하나는 갑자사화입니다. 연산군은 무오사화 이후 방탕한 생활을 계속했는데, 그 바람에 나라의 재산이 바닥나게 되었습니다. 그래서 연산군은 그것을 메우기 위해 신하들의 재산을 빼앗으려 했지요. 그 중 자신을 낳아준 어머니 폐비 윤 씨가 사약을 받고 죽은 일에 관계한 신하들과 윤 씨의 복위를 반대한 신하들을 목표로 했습니다. 재정도 메우고, 어머니의 원수도 갚는다는 의도였던 거지요. 그래서 많은 사람들이 죽음을 당하거나 귀양을 가게 되었습니다. 이것이 갑자사화입니다.

결국 연산군은 이렇다 할 업적도 없이 두 번의 사화를 거치면서 왕으로서 권위를 잃게 되었습니다. 물론 연산군에게 빌붙어 권력을 잡아 보려고 일을 만든 간신들도 문제였습니다. 하지만 정치를 제대로 하지 않은 채 향락에 빠진 연산군의 책임이 더 크겠지요. 그래서 결국 연산군은 왕의 자리에서 쫓겨나게 되었습니다.

연산군 가족묘

연산군묘는 가족묘인데, 무덤의 형식이 세 줄로 되어 있다. 맨 앞에 연산군의 사위와 딸, 가운데에 둘째 부인 의정궁주 조 씨, 맨 뒤에 연산군과 첫째 부인 거창 신 씨가 자리 잡고 있다.

도봉서원

도봉구

주소 서울시 도봉구 도봉산길 90 (도봉동)

　도봉서원은 서울에 남아 있는 유일한 서원으로 선조 때 창건되었습니다. 사림파의 대표 주자라 할 수 있는 조광조의 뜻을 따르기 위해 세워진 곳이지요. 조광조는 유교의 이상 정치를 실현하려고 힘썼던 사림파의 스승과도 같은 인물이었습니다.

　서원은 향교와 같은 교육기관의 역할도 했기 때문에 도봉서원은 조광조와 같은 대학자를 배출하기 위해 인재를 키우는 데에도 힘썼습니다.

도봉서원
조선 시대 때 조광조와 송시열의 위패를 모신 곳으로, 서울과 경기 지역에 있는 선비들이 많이 찾았다.

필암서원

도봉서원 주위의 바위에는 송시열을 비롯한 많은 학자의 글씨가 새겨져 있습니다. 조광조나 송시열은 정치에서는 평탄하게 지내지 못했지만, 따르는 제자들은 많았습니다. 도봉서원에 두 사람의 위패(존경하는 신이나 사람의 이름을 적은 나무패)를 모시고 뜻을 받들었답니다. 그래서인지 이 서원에는 1871년(고종 8) 흥선대원군의 서원 철폐령에 따라 헐릴 때까지 서울, 경기 지역에 있는 선비들의 발길이 끊이지 않았다고 합니다. 지금의 도봉서원은 1972년 복원된 것입니다.

역사 속으로

서원은 어떤 곳일까요?

서원은 조선 시대에 선비들이 모여서 학문을 닦고 뛰어난 학자나 나라를 위해 죽은 사람을 기려 제사를 지내던 곳입니다. 오늘날과 비교해서 향교는 공립학교, 서원은 사립학교라 할 수 있지요. 1543년(중종 38) 풍기 군수 주세붕이 안향을 기리기 위해 만든 백운동 서원이 시초라고 기록되어 있습니다.

처음 서원을 세울 때는 학문을 통해 훌륭한 사람들을 많이 키워 내고 위인들의 뜻을 기리며, 마을의 질서를 유지해 유교의 모범으로 만들려고 했다고 합니다. 그런데 여러 서원이 점점 많아지면서 마음이 맞는 사람끼리 같은 지역이나 같은 스승을 모시는 사람끼리 뭉쳐서 자기들만 벼슬을 하려는 일이 자주 생겨났습니다. 이에 흥선대원군은 서원이 끼치는 악영향이 심각하다고 여기고, 서원 철폐령을 내려 전국에 있는 서원들의 문을 닫게 했습니다.

세도정치란 무엇일까요?

원래 세도정치란 '정치는 널리 사회를 교화시켜 세상을 올바르게 다스리는 도리'라는 사림의 통치 이념에서 나온 아주 이상적인 의미였다고 합니다. 사림은 유학자의 무리로 유림이라고도 합니다. 이들은 서로 뜻이 같은 사람끼리 당파를 만들어 다른 당파와 경쟁을 했지요.

그런데 점점 권력을 얻은 당파가 자기들 마음대로 정치를 흔들었습니다. 그러다 왕실과 사돈을 맺어 가족 관계를 형성하면서 그 집안이 강력한 권세를 휘두르는 세도정치로 변질되었습니다.

정조 때 홍국영 이후로 세도정치가 특히 심해졌지요. 순조·헌종·철종 3대에 걸쳐 60여 년 동안 왕의 외척인 안동 김씨, 풍양 조씨 가문에 의해 이루어졌습니다. 그로 인해 당시 왕의 힘은 신하들보다 약해졌습니다.

소수서원

도산서원

선농단

동대문구　주소 서울시 동대문구 무학로44길 38(제기동 274-1)

인류에게 처음으로 농사짓는 법을 가르친 사람은 누구일까요? 전설에 따르면 고대 중국의 제왕인 신농씨와 후직씨라고 합니다. 선농단은 바로 농사짓는 법을 가르쳤다고 전해지는 신농씨와 후직씨에게 풍년이 들기를 빌던 제사, 즉 선농제를 지내던 곳입니다.

우리나라에서는 예부터 하늘을 숭배하고 제사를 지내는 제천의식이 있었습니다. 선농제를 지낸 것은 신라 시대부터였지요. 특히 조선 시대에는 농업을 중시하며 근본적인 산업이라 생각했으므로 선농제에 정성을 들였습니다.

선농제는 다음과 같이 진행되었지요. 먼저 농사가 시작되는 경칩이 지나면 좋은 날을 골라 날을 정했습니다. 왕은 사흘 전부터 깨끗이 목욕하고 그날 새벽에 여러 신하와 백성이 참여한 가운데 제사를 올렸습니다. 제사가 끝나고 해가 떠오르면 선농단 부근에 있는 친경지(국왕이 농사를 지어 보이던 농지)에서 직접 쟁기로 밭을 가는 시범을 보였습니다. 이것은 대한제국 말기까지 이어졌습니다.

그러나 일제강점기 때 선농단의 터를 빼앗겨 의식이 끊겨 버

렸습니다. 오직 사방 4미터의 돌단만이 자리를 지켰지요. 하지만 현재는 의식을 다시 주관해 해마다 4월 20일(곡우날) 선농단에서 선농제향을 재연하고 있습니다.

> **선농단**
> 풍년이 들기를 빌던 제사, 즉 선농제를 지내던 곳이다.

선농단과 설렁탕

설렁탕이 어디에서 유래했는지 아시나요? 바로 선농제와 관련이 깊답니다. 선농제를 지내고 나서 나라에서는 왕과 신하들은 물론 백성에 이르기까지 참여한 모든 사람의 수고를 위로하기 위해 소를 잡아 국말이 밥과 술을 내렸습니다. 그 국밥을 '선농탕'이라 불렀지요. 훗날 소리가 '설롱탕'으로 변했는데 눈처럼 하얗고 뽀얀 국물이라는 의미가 들어 있다고 합니다. 그리고 오늘에 와서 설렁탕이라 부르게 되었습니다. 설렁탕에 담긴 의미를 생각하면 농부들의 수고에 고마워해야겠지요?

세종대왕 기념관

동대문구

주소 서울시 동대문구 회기로 56(청량리동 산1-157)
주요문화재 수표, 세종대왕 신도비, 세종 영릉 석물 등

조선 시대를 대표하는 왕이라고 해도 손색없는 세종대왕! 세종대왕은 우리글인 한글을 만드신 분으로, 조선 시대뿐만 아니라 현재까지도 존경받는 왕입니다.

세종대왕 기념관은 역사 속으로 사라진 세종대왕의 향기를 조금이나마 느낄 수 있는 곳입니다. 임금의 초상화인 어진이 있는 일대기실과 한글실, 과학실, 국악실, 옥외 전시실로 꾸며져 있어, 세종대왕 때 만든 문화유산들을 한번에 볼 수 있지요. 세종대왕 신도비, 청계천 물 높이를 재던 수표, 해시계를 비롯한 과학 기구와 국악기 등 여러 가지가 있습니다.

세종대왕 기념관
세종대왕과 관련한 여러 가지 문화유산이 전시되어 있다.

특히 세종대왕 신도비는 세종대왕의 업적을 기리기 위해 문종과 신하들이 2년 동안이나 공을 들였던 비석입니다. 세종대왕의 셋째 아들이자 글씨 잘 쓰기로 유명한 안평대군의 글씨로 비석을 새겼다고 합니다. 세종대왕의 무덤인 옛 영릉(서울특별시 내곡동에 있다가 예종 때 경기도 여주로 옮김) 터에 묻혀 있던 것을 지금 이곳으로 옮겨 왔습니다. 신도비뿐만 아니라 영릉을 지키던 세종 영릉 석물도 지금 이곳을 지키고 있습니다.

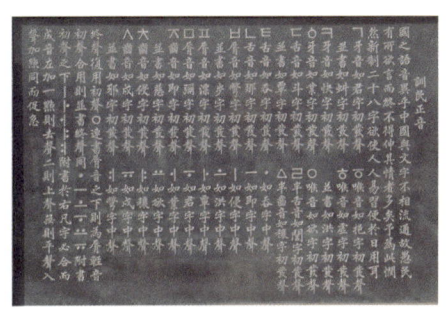

훈민정음

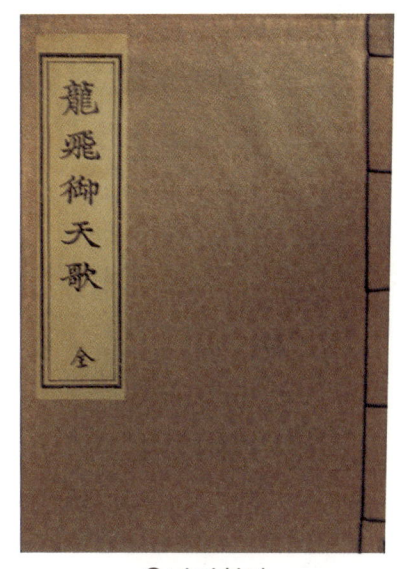

용비어천가

자격루

측우기

역사 속으로

왕 이름 뒤에 '종'과 '조'를 붙이는 차이는 뭘까요?

세종이나 정조 등 왕의 명칭은 살아 있을 때 불리지 않고, 왕이 죽은 뒤 종묘에서 제사를 지낼 때 불렀습니다.

'종宗'은 나라를 잘 다스려 세상이 편안했거나 왕위를 정통으로 이어받아 왕위에 오른 왕에게 붙여졌습니다. 대부분 앞선 왕의 업적을 이어 덕으로 나라를 다스리며 문물을 활발하게 번성시킨 왕들이지요. 세종대왕을 생각하면 쉽게 이해가 될 것입니다.

'조祖'는 새 나라를 세웠거나, 난리를 바로잡아 백성을 구했거나, 큰 전쟁에서 이기고 왕위에 오른 왕에게 붙여졌습니다. 모두 큰일을 해냈거나 굵직한 공을 세운 왕들이지요. 태조가 대표적입니다.

조선의 스물일곱 분의 왕 가운데 태조, 세조, 선조, 인조, 영조, 정조, 순조 등 일곱 분만 조 자를 썼습니다. 죽어서 왕으로 대접받지 못한 연산군과 광해군을 제외한 나머지 왕들은 모두 종 자를 썼지요.

태조 이성계

세종대왕

영조

영휘원·숭인원

동대문구 주소 서울시 동대문구 청량리동

영휘원은 조선 26대 임금 고종황제의 두 번째 왕비인 순헌귀비 엄 씨의 무덤입니다. 보통 왕과 왕비의 무덤은 능, 왕의 후궁과 왕자, 왕자비의 무덤은 원이라 부르지요. 하지만 순헌귀비 엄 씨의 무덤을 능이 아닌 원이라고 부르는 데는 이유가 있습니다. 이곳은 원래 명성황후의 능인 홍릉이 있던 지역이라 홍릉으로 불렸습니다. 그런데 명성황후가 고종황제의 능과 합장하며 경기도 남양주시로 옮겨지면서 원으로 남게 된 것입니다.

원래 귀비 엄 씨는 명성황후의 시위상궁이었습니다. 명성황후가 죽은 후 고종황제를 모시다가, 일본의 눈을 피해 고종황제를

> **영휘원**
> 고종의 두 번째 왕비이자 조선의 마지막 황태자인 영친왕의 어머니 귀비 엄 씨의 무덤이다.

러시아 공사관으로 피신시킨 장본인이지요. 그 후로 고종황제의 왕비가 되어 조선의 마지막 황태자인 영친왕을 낳았습니다. 황태자의 어머니란 이유로 그의 위패는 왕비들의 위패를 모신 칠궁에 모셔졌지요.

또한 귀비 엄 씨는 여성을 계몽하는 데도 앞장선 근대 여성 교육의 선구자로서, 진명 여학교, 지금의 숙명여대인 명신 여학교 등 많은 여학교를 설립하는 데 지원했습니다.

산신석

정자각의 오른쪽 위에 있는 널돌로, 제례가 끝난 후 산신에게도 제사를 올리도록 마련해 놓은 자리이다.

영휘원에 들어서기 전에 숭인원이 있습니다. 이곳은 영친왕의 큰아들이며 엄 씨의 손자인 이진의 무덤입니다. 영친왕은 일본 황실에 볼모로 잡혀 일본으로 유학하러 갔고 그곳에서 강제로 일본 황족 방자와 결혼식을 치렀지요. 그 사이에서 낳은 아들이 바로 이진입니다. 이진은 의문의 죽임을 당했다는 설이 있습니다. 그가 한 살 때 조선으로 오게 되었는데 갑자기 죽어 버린 것입니다. 순종황제는 돌도 되지 않아 죽은 이진을 안타깝게 여겼지요. 그래서 이진의 장례를 성대하게 치르도록 명령하고 이곳에 묘를 만들었습니다.

사육신묘

동작구

주소 서울시 동작구 노량진동 152-3 사육신묘지공원

　사육신묘는 조선 6대 임금인 단종의 복위 운동을 도모하다 1456년(세조 2) 목숨을 바친 여섯 명의 신하, 즉 사육신의 무덤을 말합니다. 단종 복위 운동이란 단종의 숙부인 수양대군(조선 세조의 즉위하기 전의 군호)이 조카의 왕위를 빼앗자 이에 분개한 신하들이 다시 단종을 왕위에 오르게 하려고 도모한 일을 말합니다. 이 운동은 집현전 출신의 학자들이 주도를 했습니다.

　집현전 학자들은 유교의 도리상 두 임금을 섬길 수 없다는 불사이군不事二君의 명분을 가지고 있었습니다. 그래서 1456년 6

사육신묘

조선 숙종 때 사육신의 일부가 묻혀 있던 이곳에 민절서원을 세웠으며, 현재는 사육신 공원으로 조성되어 있다.

사육신 신도비
사육신의 충성심을 평생 기억하고자 무덤 근처에 기념비를 세웠다.

월 명나라 사신의 환송연에서 세조의 일파를 제거하고 단종을 다시 임금의 자리로 세우려 했던 것입니다. 하지만, 이 일은 결국 실패로 돌아가고 중심적인 역할을 한 사육신 등이 죽임을 당했습니다.

그 후 숙종 때에 사육신의 충성심을 추모하고자 그들의 일부가 묻혀 있던 이곳 노량진에 민절서원을 세웠고, 정조 때에는 신도비를 세웠습니다. 현재 이곳은 사육신 공원으로 조성되어 있습니다.

보통 사육신묘이기 때문에 여섯 명의 무덤이 있을 것으로 생각되겠지만, 사육신묘에는 일곱 분의 묘가 모셔져 있습니다. 사육신에 유응부와 김문기 가운데 누구를 포함할 것인지 논란이 되어 오다가 두 명이 모두 포함되어 묘가 만들어진 것입니다. 현재 사육신으로 일컬어지는 인물은 성삼문, 하위지, 이개, 유성원, 박팽년, 유응부입니다.

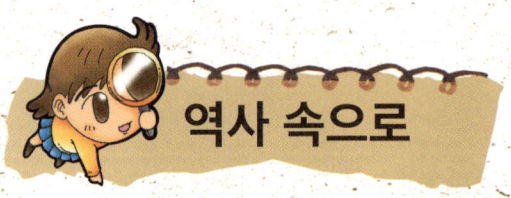

역사 속으로

아차! 늦었구나, 아차고개

사육신묘로 오르는 길에는 '아차고개'가 있는데, 이 고개에는 여러 가지 이야기가 전해 내려옵니다.

한강 아랫녘에 살고 있던 한 선비는 단종 복위 운동이 실패로 끝나고 사육신이 처형된다는 소식을 들었습니다. 선비는 그것이 부당한 일이라고 생각해 자기 뜻을 전하기 위해 도성을 향해 말을 몰았습니다. 그런데 이 고개에 다다랐을 때 이미 한강 건너 새남터라는 곳에서 처형되었다는 소식을 듣고는 선비가 "아차, 늦었구나!"라며 탄식을 했다고 해서 이 고개를 아차고개라고 부른다고 합니다.

　　아차고개에 대한 또 다른 이야기도 있습니다. 명종 때 점쟁이로 유명한 홍계관이라는 사람의 이야기입니다. 그는 우연히 자신의 운명에 대해 점을 치게 되었는데, 자기 목숨대로 살지 못하고 뜻밖의 재앙을 만나 죽을 운명으로 나왔습니다. 다만 임금이 앉는 자리, 용상 아래에 숨어 살면 목숨을 구할 수 있다는 점괘도 나왔지요. 그래서 우여곡절 끝에 임금을 만나게 되었습니다. 그리고 용상 아래 숨을 수 있는 특권을 얻었습니다. 임금은 홍계관을 만나자 얼마나 점을 잘 치는지 시험해 보고 싶었습니다. 마침, 마당을 지나가던 쥐가 보이자 홍계관에게 몇 마리인지 물어보았지요. 홍계관은 세 마리라고 대답했지만 임금의 눈에는 한 마리밖에 보이지 않았습니다. 임금은 즉시 홍계관을 사형에 처하라고 명령하였습니다. 그런데 나중에 쥐의 배를 가르자, 새끼 두 마리가 더 들어 있었습니다. 임금은 급히 명령을 취소했지만 이미 홍계관은 죽은 뒤였습니다. 임금은 "아차, 내가 그를 죽였구나!"라고 탄식을 했고, 그가 죽었던 자리가 지금의 아차고개라 합니다.

집현전은 어떤 곳일까요?

학문의 보물 창고라 할 수 있었던 집현전! 훈민정음이 창제된 집현전은 학자들의 연구실이자 도서관 역할을 하는 기관이었지요. 조선 초기 내로라하는 학자들은 다 집현전 출신의 학자라 해도 지나치지 않을 정도였습니다.

집현전은 외교 문서를 만들거나 역사를 기록하는 일을 담당했습니다. 그러나 가장 중요한 직무는 임금과 왕세자에게 학문을 가르치고 토론하는 일이었습니다. 또한 학문을 연구하고 책을 만들어 내는 일을 도맡아 해서 조선의 문화적 기틀을 다졌지요.

세종대왕은 집현전 학자들의 연구를 위해 지원을 아끼지 않았습니다. 재주 있는 몇몇 학자에게는 독서를 할 수 있도록 휴가를 주는 사가독서賜暇讀書라는 제도를 만들기도 했습니다. 하지만 1456년(세조 2) 단종 복위 운동의 주모자들이 대부분 집현전 출신이라 세조는 집현전을 폐지해 버렸습니다.

집현전의 대표 학자

강희안(1417~1464) 박팽년(1417~1456)
성삼문(1418~1456) 신숙주(1417~1475)
이 개(1417~1456) 정인지(1396~1478)
최 항(1409~1474)

절두산 순교성지

마포구 주소 서울시 마포구 토정로 6(합정동 96-1)

　우리나라 근대의 아픈 역사가 상처로 남아 있는 곳이 양화나루터와 절두산입니다. 양화나루터는 양화진楊花鎭이라고 불렸는데, 군사상 중요한 지역에 설치한 지방 행정 구역을 진이라고 했기 때문입니다.

　양화진은 서울에서 강화로 통하는 길목이라 유사시에 특히 중요한 곳이었습니다. 또한 각 지방에서 조세로 바치는 곡식 수송

절두산 성지 순교 기념관묘
조선 후기 절두산에서 처형당한 천주교 신자들의 넋을 달래고 순교 정신을 기리기 위한 기념관이다.

김대건 신부 동상

김대건 신부는 우리나라 최초의 신부로, 천주교에 대한 모진 박해 속에서 천주교 교리와 문화를 전파하다가 죽은 대표적인 순교자이다.

선과 어물과 채소 등을 실은 배가 드나들었고 무사고를 빌거나 제사를 지내는 곳으로도 활용되었지요. 많은 사람이 드나드는 곳이다 보니 특이하게도 처형장으로 이용되기도 했습니다.

양화나루터 옆에 있던 언덕이 절두산입니다. 그러나 처음부터 '절두산'이 이곳의 명칭은 아니었습니다. 옛날에는 보통 지형의 모양을 보고 이름을 정했습니다. 그래서 이곳도 봉우리의 모습이 '누에가 머리를 치켜든 것 같다'고 해서 '잠두봉蠶頭峰', 용의 머리 같기도 하다고 해서 '용두봉龍頭峰', 인왕산 한 지맥이 북쪽 강물 가에 우뚝 솟아서 '가을두加乙頭'라고 하는 등 여러 이름으로 불렸습니다. 이름에서 연상할 수 있듯이 이곳은 풍경이 아름답기로 소문이 나서 많은 이들이 찾던 명승지였답니다.

절두산으로 불리게 된 것은 당시 시대 상황과 맞물려 있습니다. 절두산에는 무시무시한 뜻이 담겨 있지요. 조선은 유교 국가여서 서양의 종교를 믿는 천주교 신자들을 6년 동안 박해했지요. 그 사실을 알게 된 프랑스에서는 함대를 보내 40일 동안 강화도에 머물면서 조선에 싸움을 걸어왔습니다. 이에 조선은 물러서지 않았습니다. 프랑스 함대가 떠나자, 그 본보기로 1만여 명의 천주교 신자들을 붙잡아 이곳에서 목을 잘라 처형했지요. 여기서 '목을 자르는 산', 즉 절두산切頭山이라는 무서운 명칭이 유래하게 된 것입니다.

절두산 성지에는 기념탑, 기념관 등이 세워져 순교자들의 넋을 달래고 순교 정신을 기리고 있습니다.

역사 속으로

프랑스의 침략, 병인양요

1866년 병인년에 일어난 서양 세력과 벌인 싸움이라고 해서 병인양요라고 합니다. 당시 조선은 유교가 바탕이 된 사회였습니다. 그래서 서양의 종교로 여겨지는 천주교는 당시의 신분 제도와 맞지 않았기 때문에 쉽게 받아들일 수 없었지요. 특히 흥선대원군은 천주교를 무척 싫어해서 천주교 신자들을 박해했습니다. 프랑스는 이 사실을 알고 함대를 앞세워 강화도에 쳐들어왔습니다. 조선과 프랑스는 강화도에서 치열하게 싸웠습니다. 결국 프랑스 함대는 약 40일 만에 물러갔지요. 그 뒤 흥선대원군은 서양을 상대로 교류하지 않는 통상 수교 거부 정책(쇄국 정책)을 내세우면서 천주교 신자들에 대한 박해를 더욱 심하게 했습니다.

병인양요는 문화적으로도 우리나라에 큰 피해를 준 사건입니다. 당시 프랑스는 물러가면서 외규장각 도서 345권과 은덩이 19상자 등 우리의 수많은 문화재를 약탈해 갔습니다. 그 후 우리나라는 문화재를 찾기 위해 프랑스와 협상을 벌이는 등 여러 가지 노력을 기울였습니다. 그러다 1993년 외규장각 도서를 대여 형식으로 돌려받기로 합의를 이뤄냈지요. 그러나 현재까지 프랑스는 우리의 문화재를 돌려주지 않고 있습니다.

척화비

흥선대원군이 서양 세력을 경계하려고 세운 비로, 내용은 다음과 같다. "서양 오랑캐가 침입하는데, 싸우지 않으면 화친하자는 것이요, 화친을 주장하면 나라를 팔아먹는 것이다. 우리들의 만대자손에게 경계하노라. 병년에 짓고 신미년에 세우다."

공민왕 사당

마포구

주소 서울시 마포구 독막로21길 13
주요문화재 광흥창터 표석
서울특별시 지정보호수 다섯 그루(회화나무, 느티나무)

　마포를 지키는 수호신이 있었으니, 그가 바로 고려의 공민왕입니다. 공민왕은 고려 31대 임금으로, 다른 나라의 간섭에서 벗어나 자주적인 나라를 만들고 빼앗긴 영토를 되찾기 위해 큰 노력을 했습니다.

　이런 훌륭한 업적 때문일까요? 조선 역대 왕들의 위패를 모셔 놓은 종묘에도 유일하게 고려 왕인 공민왕이 들어가 있지요.

공민왕 사당은 서울에서는 보기 힘든 고려 시대 인물을 기리는 사당으로 마포 와우산 아래 자리 잡고 있습니다. 이 사당이 처음 세워질 때 공민왕과 관련된 흥미로운 이야기가 전해 내려옵니다.

조선 초기 마포 일대에 양곡 보관 창고인 광흥창을 지을 때였지요. 어느 날 동네 노인의 꿈에 공민왕이 나타나 "이곳은 전에 내가 자주 찾던 곳이니 당(堂)을 짓고 해마다 제사를 지내 준다면 모든 일이 아무 탈 없이 해결될 것이며, 그렇지 않다면 해마다 좋지 않은 일이 일어날 것이다"라고 했다고 합니다. 기이하게 여긴 노인이 광흥창에 와 보니 공민왕 부부를 그린 영정이 바위 밑 상자에서 나왔다고 합니다.

마을 사람들은 공민왕이 마을을 지켜 주는 수호신이라고 믿고 사당을 지었습니다. 그리고 해마다 음력 10월 1일 밤 자시(밤 열한 시부터 오전 한 시까지)에 제사를 성대히 지내 왔습니다. 이곳에서는 오늘날까지 600년이 넘도록 공민왕에게 제사를 올리며 마을의 안녕과 번영을 기원하고 있습니다. 이처럼 민간에서 고려의 왕을 사당에 모신 것은 드문 일이지요.

현재 사당 안에는 공민왕과 왕비인 노국공주, 고려의 대표적인 충신인 최영 장군의 영정 등이 있습니다. 또한 공민왕 사당 근처에 있던 광흥창은 '광흥창터'라는 표석으로 남아 있고, 사당 주위에는 서울특별시 지정 보호수 48호인 고목 다섯 그루가 있습니다.

광흥창 표석

공민왕 사당 앞에 있는 표석으로, 옛 광흥창 터였다는 것을 알려 준다.

공민왕이 일본 사람을 싫어한다고요?

공민왕은 죽어서도 왜(일본)를 유난히 싫어했던 듯합니다.

공민왕 사당 근처에 일본 사람이 나타나면 반드시 해를 당했기 때문입니다. 구한말 때에는 교역하기 위해 공민왕 사당 근처에 머물렀던 일본 상인 36명이 식중독에 걸려 죽는 사건이 일어났지요. 일제강점기 때에는 말을 타고 지나던 일본 사람이 갑자기 말발굽이 땅에 붙어 오도 가도 못하자 당황해 말을 베어 죽이고 허둥지둥 도망을 쳤다는 이야기도 있습니다. 또한 《조선 강기슭에 전해오는 이야기》를 쓴 일본인 토목 기사 장목長木이란 사람도 이곳을 지나다 두 번이나 급성 맹장염이 걸려 혼쭐이 났다고 합니다. 더군다나 기절한 상태에서 공민왕이 뺨을 때리면서 물러가라고 호통치는 신비한 일을 겪었다고 합니다. 이러한 일이 소문이 나자, 이곳 사당 부근에서는 일본 사람이 살지 못했습니다.

천산대렵도

고려 공민왕이 그렸다고 추정되는 그림으로, 천산에서 사냥하는 모습을 묘사한 작품입니다. 말 위에서 힘차게 달리는 인물의 모습이 비단 바탕 위에 생동감 있게 표현되었고, 색깔도 훌륭하게 칠해져 있지요. 원래는 옆으로 긴 두루마리 그림이 나눠진 것으로 추측하는데 현재 국립중앙박물관에 3쪽이 남아 있습니다.

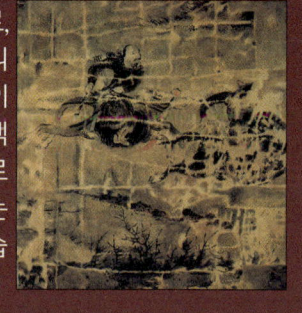

망원정터

마포구

주소 서울시 마포구 동교로8안길 23(합정동 457-1)

  마포구 망원동의 동명이 유래된 망원정은 주변 경치가 매우 아름다워 명나라 사신들에게 연회를 베풀거나 이름난 선비들이 유람을 오는 곳이었습니다. 광경이 얼마나 뛰어난지 조선의 역대 왕들도 이곳을 그냥 지나칠 수 없었다고 합니다.

  처음 망원정은 세종의 둘째 형인 효령대군이 사는 별장으로, 그저 정자라고만 일컬어졌습니다. 이렇다 할 이름도 없이 효령대군은 한강이 내려다보이는 이곳에 별장을 짓고 풍류를 즐겼다고 합니다. 그러다가 세종대왕이 효령대군의 별장에 들르면서

> **망원정터**
> 주변 경치가 매우 아름다워 조선의 왕들이 자주 와서 경치를 즐겼다고 한다.

희우정 현판
세종이 형인 효령대군의 별장 망원정에 들렀을 때 비가 내려 '기쁜 비를 만난 정자'라는 이름인 희우정을 내렸다.

이름을 얻게 되었습니다.

1425년(세종 7), 가뭄이 계속되어 농사가 걱정이던 세종은 백성을 살피러 왔다가 효령대군의 별장인 이곳에 잠깐 들렀습니다. 그런데 그때 마침 단비가 내렸다고 합니다. 세종은 너무 기뻐 그 정자에 '기쁜 비를 만난 정자'라는 뜻에서 '희우정喜雨亭'이란 이름을 내렸습니다. 이후에도 세종은 양화나루터 근처에서 행해지는 군사 훈련을 관람하기 위해 희우정에 올랐으며, 세종의 뒤를 이은 왕들 역시 기우제를 지내거나 농사를 돌보기 위해 희우정 일대를 자주 돌아다니며 살폈다고 합니다.

효령대군이 죽고 10여 년의 시간이 흐른 뒤 성종의 형 월산대군이 이 정자의 주인이 되었습니다. 새 주인이 된 월산대군은 정자를 고쳐 지으면서 '경치를 멀리 내다볼 수 있다'라는 뜻에서 '망원정望遠亭'으로 바꿔 불렀습니다. 세종과 마찬가지로 형제간의 우애가 두터웠던 성종은 월산대군을 자주 찾아왔습니다. 그리고 이곳에서 경치를 즐기고 백성들의 형편을 살폈다고 합니다.

하지만 연산군이 왕이 된 후 망원정지에는 큰 변화가 일어났습니다. 연산군은 이 정자를 '수려정'이라 바꿔 부르고, 더 크고 화려하게 지어 향락을 즐기려고 했습니다. 하지만 두어 달 후 중종이 왕위에 올라 다시 옛 모습으로 돌려놓았지요. 그리고 망원정이라는 이름을 되찾고 장안에서 이름을 날리던 선비들의 명소가 되었습니다. 많은 사람이 망원정에 올라 시도 짓고 그림도 그렸다고 하니 그 경치를 알 만하겠지요?

현재 망원정은 1925년 을축년 대홍수로 완전히 사라진 것을 1989년에 복원한 것입니다. 희우정이라는 현판이 걸려 있지만 옛날 임금이 자주 방문해 경치를 즐겼던 정자라기에는 왠지 초라해 보입니다. 원래대로 보존되었다면 아름다운 정자의 모습이 었을 텐데 안타까울 따름입니다.

역사 속으로

〈희우정 기문〉

　효령대군은 세종이 자신의 별장에 '희우정'이라는 이름을 지어준 것에 대해 감사의 뜻을 남기고 싶었던 모양입니다. 그래서 명필로 이름을 날리던 부제학 신장에게 글씨를 쓰게 하고, 문장을 잘 짓는 변계량에게 내용을 기록하도록 했다고 합니다.《동문선》<희우정 기문>에는 다음과 같은 글이 남아 있습니다. 그럼, 어떤 글인지 감상해 볼까요?

　정자의 제도가 사치하지도 않고 누추하지도 않은데, 백악산이 뒤에서 굽어보고 한강이 앞에서 흐르며, 서남쪽의 여러 산은 넓고 멀어 아득하니 구름과 하늘과 연기가 물 밖으로 저 멀리 보일 듯 말 듯 하다. 굽어보면 고기와 새우도 역력히 셀 수 있는데 바람 실은 돛과 모래 위의 새들은 바로 정자 아래서 오가며 천여 그루의 소나무는 푸르고 울창해 술상 위로 어른거린다.

서대문 독립공원

서대문구

주소 서울시 서대문구 통일로 247 독립문역(현저동 101)

일제의 고문 장면

시대의 아픔이 고스란히 서려 있는 곳! 서대문 독립공원은 일제강점기 때 일제가 항일 투사들을 가둔 감옥의 터였습니다.

원래 구한말 때에는 감옥을 관장하는 부서인 전옥서였는데, 일제가 근대식 감옥으로 바꾸어 의병과 유관순 열사를 비롯한 많은 독립투사를 이곳에 가두었지요. 수많은 독립군과 독립운동가들이 이곳에서 옥살이하다 죽거나 처형되기도 했습니다. 또한 해방 이후에는 민주화 운동을 하던 이들을 가두었던 곳이기도 합니다. 그래서 우리나라 근현대사에서 '서대문 형무소'로 악

서대문형무소 역사관
역사전시관, 제9·11·12·13 옥사와 중앙사, 나병사, 추모비, 사형장, 지하 옥사로 되어 있다.

명을 떨쳤습니다. '서대문 감옥', '서대문 형무소', '경성 형무소', '서울 형무소', '서울 교도소', '서울 구치소'라는 이름으로 1987년까지 이어왔는데, 가장 살벌했던 일제강점기 당시에 불리던 '서대문 형무소'로 흔히 부릅니다.

> **독립관** 독립협회의 사무실 겸 집회소로 사용되었던 곳으로 개화운동과 애국계몽운동의 중심지 역할을 담당했다.

1992년 8월 15일 광복절 47주년을 맞이해 서대문 형무소는 서대문 독립공원으로 조성되었습니다. 서대문 형무소가 '서대문 형무소 역사관'으로 바뀌고, 독립운동과 관련된 상징적인 문화재를 모아 서대문 독립공원으로 새롭게 태어난 것이지요. 공원 안에는 유관순 열사가 고문 끝에 숨진 곳인 유관순 굴, 3·1 독립선언 기념탑, 독립문, 독립관 등이 있습니다.

서대문 독립공원은 아픈 역사를 딛고 일어선 우리 민족의 강인한 정신력과 끝없는 의지를 보여 주는 학습의 장이라고 할 수 있습니다.

3·1 독립선언 기념탑

독립문

서대문구 주소 서울시 서대문구 현저동 941

"독립문의 자유종이 울릴 때까지 싸우러 나가자."

왠지 우렁찬 목소리의 노랫소리가 들리지 않나요? 이 가사는 일제에 맞서 싸우던 우리 독립군들이 부르던 '독립군가'의 한 대목입니다. 이처럼 독립문은 일제강점기를 겪었던 우리 민족에게 자주독립에 대한 상징이자 염원이었습니다.

독립문은 서재필을 비롯한 독립협회에서 앞장서서 영은문을 헐고 세운 건물입니다. 영은문은 청나라의 사신이 올 때 왕이 직접 나가 맞이하던 곳으로 중국에 대한 굴욕적인 사대 외교의 상징물이었지요. 따라서 영은문을 헐고 독립문을 새로 지은 것은 중국에 독립적인 나라로 서겠다는 선전 포고이기도 했습니다.

독립문의 형태는 프랑스 파리의 개선문을 참고해 지었는데, 비용 때문에 개선문보다는 규모가 작습니다. 하지만 국민과 애국지사들의 성금으로 지어진 만큼 그 의미는 더욱 값지다고 볼 수 있지요.

독립문은 앞면과 뒷면이 똑같습니다. 다만 앞면에는 '독립문'이 한글로 쓰여 있고, 뒷면에는 한자로 '獨立門'이라고 쓰였다는 차이만 있을 뿐입니다. 현판석의 '독립문' 양옆에는 태극기가 새겨져 있습니다. 아치형의 홍예문 중앙에는 대한제국 황실의 상징인 이화李花(오얏꽃) 무늬가 방패 모양을 한 문양판에 새겨져 있습니다. 안으로 들어가면 왼쪽에 옥상으로 통하는 돌층계가 있습니다.

한국 최초의 근대적인 사회단체, 독립협회

서재필(1864~1951)

구한말 당시 조선은 몹시 혼란스러운 상황에 놓여 있었습니다. 청일전쟁에서 이긴 일본은 조선을 본격적으로 침략하려고 명성황후를 시해하는 만행을 저질렀습니다. 이 때문에 고종은 러시아 공사관으로 피신해야 했지요. 또한 러시아, 독일, 프랑스 등 다른 나라들은 조선에서 이득을 볼 만한 것이 없는지 눈에 불을 밝히고 있었습니다. 그래서 조선 독립에 위기의식을 느낀 서재필과 지식인들이 모여 독립협회를 만들게 되었습니다.

1896년(고종 33) 7월, 독립협회는 한국 최초의 근대적인 사회·정치 단체로 설립되었습니다. 다른 나라의 간섭을 받는 것이 아니라 우리 스스로 조선을 지켜야 한다는 생각으로 <독립신문>을 발간하고, 독립문을 건립하는 등 많은 활동을 펼쳤습니다. 그리고 조선을 완전한 독립 국가로 만들기 위해서는 스스로 깨달아야 한다는 의도에서 '만민공동회'를 열어 나라의 앞날에 대해 소리 높여 의논했습니다.

하지만 당시 정부는 독립협회가 제안하는 내용이 너무 개혁적이어져 오히려 나라를 곤경에 빠뜨린다고 생각했습니다. 그래서 반反독립협회 단체, 황국협회를 내세워 탄압하기 시작했습니다. 결국 1899년 초 독립협회는 해체되고 말았습니다. 그러나 이러한 독립협회의 활동은 이후 일제강점기 외세의 침략에 대항하는 민족운동에 커다란 영향을 주었습니다.

보도각 백불

서대문구 주소 서울시 서대문구 홍지문길 1-38(홍은동 8)

　5미터나 되는 하얀 불상을 본 적이 있나요? 홍은동에 있는 옥천암이란 곳에 가면 온몸이 하얀 불상을 볼 수 있습니다. 불상이 하얗게 생겨서 고려 때부터 '백불'이라고 불렸습니다. 불상이 하얀 이유는 호분을 칠했기 때문인데, 호분은 산호 가루와 조갯가루를 섞어 만든 것이지요. 그래서 '해수관음海水觀音'이라 부르기도 합니다.

> **보도각 백불**
> 5미터 크기의 온몸이 하얀 불상으로, 전각을 세워 보호 중이다.

이 불상은 바위에 새겨져 있는 마애불입니다. 머리에는 연꽃 무늬의 화려한 관을 쓰고 있는데, 이 부분은 금칠이 되어 있지요. 목걸이나 팔찌 등 장식품 모두 금칠이 되어 있어 흰색과 조화를 이루고 있습니다. 한편 이 백불을 보호하기 위해 전각을 세워 놓았는데, 이것을 보도각이라고 합니다. 불상의 이름이 보도각 백불로 붙여진 이유를 알 것 같지 않나요?

흰옷 입은 조선 병사

이 불상이 백불이라서 생겼던 재미있는 이야기가 전해 내려옵니다. 임진왜란 때 나라를 구한 두 장군이 있었습니다. 바다에는 이순신 장군이, 땅에는 권율 장군이 있어 왜군을 물리칠 수 있었지요. 보도각 백불과 관련된 장군은 바로 땅에서 싸운 권율 장군입니다.

권율 장군은 서울을 지키기 위해 수원과 행주산성 일대에서 싸웠습니다. 그리고 행주산성에서 왜군을 크게 무찔렀지요. 행주산성과 가까운 이곳에서도 전투가 벌어졌던 모양입니다. 왜군이 이곳으로 쳐들어왔을 때, 멀리서 보니 백불이 흰옷을 입은 조선 병사처럼 보였다고 합니다. 왜군은 착각에 빠져 공격하다 탄환을 다 써버렸지요. 때를 기다리고 있던 권율 장군이 그것을 알고 공격해 왜군들을 쉽게 물리쳤습니다. 백불이 나라를 구한 셈이 되었지요?

불상에 기원하면 소원이 이루어질까요?

불상 앞에서 기도를 하거나 엎드려 절을 하며 소원을 비는 사람들을 볼 수 있습니다. 그러면 정말 소원이 이루어질까요? 옛날 사람들은 불상이 소원을 들어준다고 믿었습니다. 보도각 백불도 그런 사연을 가지고 있지요.

먼저 조선 태조 이성계가 서울로 도읍을 정할 때 이 보도각 백불에 기원했다고 합니다. 그리고 고종의 어머니이자 흥선대원군의 부인 부대부인 민 씨도 보도각 백불에 고종의 복을 빌었다고 전해집니다.

특히 보도각 백불 같은 관음보살상은 사람들이 어려움을 당했을 때 구원해 준다고 알려져 있습니다. 그래서 옛날 사람들은 어려운 일을 당했을 때 "관세음보살"이라고 했지요. 그러면 어디선가 관음보살이 듣고 일을 해결해 줄 것이라고 믿었답니다. 그래서 관음보살상은 일반 서민들에게 가장 인기 있는 불상이었습니다.

권율 장군 동상

헌인릉

서초구   주소 서울시 서초구 헌인릉길 34(내곡동 1-2449)

    헌인릉은 헌릉과 인릉을 합쳐 부르는 이름입니다. 하지만 헌릉과 인릉은 400여 년의 차이를 넘어 한곳에 있게 되었지요.
    헌릉은 조선 3대 임금 태종과 원경왕후 민 씨의 무덤으로, 조선 시대 대표적인 쌍릉입니다. 조선 초기에 이루어진 능이다 보니 아무래도 좋은 본보기가 되었겠죠.
    헌릉의 주인인 태종은 태조 이성계의 다섯 번째 아들 이방원으로 잘 알려져 있습니다. 아버지를 도와 조선을 건국하는 데 큰 도움을 주기도 했지만, 왕위 계승권을 둘러싼 1차·2차 왕자의

난으로 실권을 장악한 왕으로도 유명합니다. 그러나 왕권을 강화해 조선 초기 나라를 안정시켰다는 평가를 받고 있습니다.

헌릉은 조선 시대에서도 가장 웅장한 배치 방법으로 조성된 곳입니다. 다른 왕릉에 비해 석물의 개수가 두 배이고 규모도 큽니다. 능 앞 석물들을 살펴보면 망주석, 혼유석, 장명등은 한 쌍이고 양석, 호석은 각각 네 쌍, 문무인석과 마석은 각각 두 쌍씩 배치되어 태종의 위풍당당한 재위 시절을 엿볼 수 있습니다.

특히 소전대라고 하는 석물은 제례의 마지막 절차인 지방(종잇조각에 글을 써서 만든 위패)을 태우는 곳으로, 태조 건원릉과 이곳에서만 볼 수 있는 조선 초기의 석물입니다. 또한 헌릉에는 태종의 신도비가 두 개나 있는데, 하나는 세종 때 세운 것이고 다른 하나는 새긴 글씨가 떨어져 나가 보기 어렵다고 해서 숙종 때 다시 세운 것이랍니다. 현재 신도비가 남아 있는 왕릉은 태조의 건원릉, 태종의 헌릉뿐입니다.

인릉은 조선 23대 임금 순조와 순원왕후의 합장릉입니다. 쌍릉이 사이를 두고 나란히 배치한 능이라면 합장릉은 한곳에 묘를 만든 것을 말합니다. 순조는 정조의 둘째 아들로, 11세라는 어린 나이에 즉위했습니다. 그래서 대왕대비인 영조의 두 번째 왕비 정순왕후 김 씨가 수렴청정을 했지요. 당시는 세도정치가 극에 달해 순조는 정치적으로 영향을 크게 발휘하지 못했습니다.

두 개의 신도비

태조의 신도비로, 하나는 세종 때 세웠고 다른 하나는 숙종 때 다시 세운 것이다

인릉은 원래 경기도 교하에 있었는데, 무덤 자리가 불길하다고 해서 1856년(철종 7) 10월 헌릉 오른쪽 언덕으로 옮겨졌습니다. 인릉은 헌릉에 비해 규모가 작지만, 문관과 무관의 모양을 한 돌상은 이목구비와 표정이 생동감이 넘치고 힘차고 활기차게 조각되어 매우 사실적인 느낌이 듭니다.

형제끼리 싸운 사건, 왕자의 난

왕자의 난은 조선을 건국한 태조의 자식들 즉, 왕자들 사이에서 누가 다음 왕이 될 것인지를 두고 형제끼리 싸운 사건입니다. 조선 왕조는 원래 첫째 아들에게 왕위를 물려주기로 되어 있었습니다. 그러나 태조는 둘째 부인인 신덕왕후 강 씨가 낳은 방석을 세자로 책봉했습니다. 그래서 태조의 첫째 부인인 신의왕후의 자식들, 특히 조선을 세우는 데 가장 큰 공을 세웠던 이방원은 불만이 더욱 클 수밖에 없었습니다.

한편, 태조 이성계와 조선을 건국한 주역인 정도전은 왕의 권력보다 신하들의 권력을 더 키우려고 했습니다. 왕에게 권력을 두려는 이방원과는 생각이 달랐던 것이지요. 이방원의 생각을 알아차린 정도전은 태조가 방석을 세자로 책봉하는 데 적극 찬성했습니다. 그러자 이방원이 난을 일으켜 정도전과 세자 방석, 신덕왕후의 또 다른 왕자인 방번까지 죽였습니다. 그리고 방원의 형 방과가 왕위에 올라 정종이 되었습니다. 이것이 1차 왕자의 난입니다. 그런데 왕위에 오른 정종에게는 뒤를 이을 자석이 없었습니다. 그러자 다음 왕위 계승자인 세자 자리를 놓고 방원과 방간이 싸웠습니다. 이것이 바로 2차 왕자의 난입니다. 역사가 말하듯 둘의 싸움은 방원의 승리로 끝났습니다. 방원은 세자로 책봉된 후 얼마 되지 않아 왕위를 물려받고 태종이 되었습니다.

왕의 무덤에 세워진 석물에는 무엇이 있을까요?

망주석은 무덤 양옆에 설치하는 돌기둥입니다. 무덤의 위치를 표시하고, 왕릉을 보존하는 등 여러 가지 의미가 들어 있습니다. 혼유석은 무덤 속 혼이 나와 편안히 앉아 쉬고 놀 수 있도록 만든 직사각형 돌이며, 장명등은 돌아가신 왕의 명복을 빌기 위해 무덤 앞에 세운, 돌로 만든 등입니다.

문인석과 무인석은 관대를 착용한 문관과 갑옷, 투구를 갖춘 무관이며, 마석은 문인석과 무인석 아래에 있는 말입니다. 무덤의 바깥을 보호하는 의미로 양과 호랑이 석물도 세웠습니다. 양 모양의 양석은 악귀를, 호랑이 모양의 호석은 맹수를 내쫓는 의미라고 합니다.

양석

호석

대성사 목불좌상

서초구

주소 서울시 서초구 남부순환로 2406 (서초동 700)

대성사 목불좌상
백용성 스님이 만든 불상으로, 전체 몸에 비해 얼굴이 크고 눈매가 가늘며 머리카락은 틀어 말려 있다.

대성사는 워낙 오래된 절이어서 그 유래를 알아보려면 백제로 거슬러 올라가야 합니다.

백제 침류왕은 백제에 온 인도의 승려 마라난타 대사를 궁궐에 지내게 하면서 설법을 들었다고 합니다. 그런데 마라난타 대

사는 오랜 여행으로 음식과 기후가 맞지 않아 병이 나고 말았습니다. 그러던 어느 날 우면산에서 나는 생수를 마시고 그의 병이 완쾌되었습니다. 결국 마라난타 대사는 궁궐에서 나와 우면산 기슭에 대성초당을 짓고 머물렀다고 합니다. 후에 이것이 대성사가 되었습니다. 이 이야기 때문에 대성사는 백제 불교가 최초로 시작된 유서 깊은 절로 일컬어집니다.

하지만 대성사는 백제 불교의 성지라는 위상에 비해 매우 작고 단출한 곳입니다. 대웅전, 요사(스님들이 생활하는 곳), 산신각(산신을 모시는 전각)이 전부인 소박한 규모의 절이지요.

그렇지만 이곳에는 눈여겨볼 만한 불상이 있습니다. 바로 백용성 스님이 만들었다는 목불좌상입니다. 전체 몸에 비해 얼굴이 크고 넓은 편인 목불좌상은 눈매가 가늘고 길어서인지 무표정하기도 하고, 화가 난 듯 보이기도 합니다. 불상의 머리카락은 소라 껍데기처럼 틀어 말려 마치 파마를 한 느낌입니다. 나무로 만든 목불이긴 하지만 머리를 제외한 몸 전체에 금칠이 되어 있습니다.

역사 속으로

대성사와 관계 깊은 역사 인물

대성사는 백제 불교의 성지답게 우리나라 불교계에서 이름난 스님들이 꼭 한 번씩 거쳐 간 유명한 절입니다. 통일신라 시대에는 원효 대사가 머물렀고, 고려 시대에는 지눌 대사, 보우 대사, 그리고 조선 시대에는 무학 대사와 보우 스님이 머물렀다고 합니다. 특히 봉은사의 주지였던 보우 스님은 이곳에서 불교를 일으킬 계획을 구상했다고 합니다.

그중에서 빼놓을 수 없는 스님이 있는데, 근대에 활동한 백용성 스님입니다. 백용성 스님은 1911년부터 1919년 3·1운동이 일어날 때까지 우리 민족의 앞날을 고민했습니다. 그리고 불교 한용운, 천도교 손병희 교주, 기독교 길선주·이필주 목사 등과 서로 교류하면서 나라의 앞날을 걱정하고 의논했습니다. 그래서 일본 경찰은 백용성 스님이 이곳에 머물렀던 것을 알고 불을 지르기도 했답니다. 대성사는 민족의 성지라 할 만하겠지요?

원효 대사(617~686)

한용운 스님(1879~1944)

손병희 교주(1861~1922)

백용성 스님(1864~1940)

효령대군 이보 묘역

서초구

주소 서울시 서초구 효령로 135 (방배동)

효령대군 이보 묘역은 조선 태종의 아들이자 세종의 둘째 형인 효령대군과 그의 부인 예성부부인 정 씨의 묘와 이들의 위패를 모신 사당이 있는 곳입니다. 사당은 처음부터 묘와 함께 세워진 것은 아니고, 영조 때 짓고 '청권사'라고 명명했습니다.

청권사

효령대군의 사당으로, 맞배지붕(책을 반쯤 펴놓은 형태에 옆면의 나무의 짜임새가 드러나도록 지은 지붕) 형식이 잘 드러나 있다.

효령대군과 예성부인의 묘

효령대군에게 청권淸權이란 말이 붙은 것은 중국 주나라의 이야기까지 거슬러 올라갑니다.

주나라 태왕에게는 태백, 우중, 계력이라는 세 아들이 있었습니다. 그런데 태왕이 셋째인 계력에게 왕위를 물려주려는 것을 알고, 태백과 우중은 삭발을 하고 숨어 지냈다고 합니다. 후에 공자가 태백과 우중을 일컬어 '지덕'과 '청권'이라 칭했는데, 당시 조선의 상황과 비슷해 양녕대군에게 지덕이라 했고, 효령대군에게 청권이라 한 것입니다. 효령대군은 태종이 세종에게 왕위를 물려주려는 것을 알고 스스로 중노릇을 했던 인물이지요.

청권사에 들어가면 고요하고 아늑한 모련재라는 오래된 건물이 반깁니다. 그 오른쪽에는 효령대군 신도비가 있지요. 오랫동안 왕실의 든든한 어른이 되어 주었고, 불교와 유교의 융화를 내세웠던 효령대군의 인품과 업적을 기리는 글이 거북 위의 비에 새겨져 있습니다. 사당 안에는 관악산 연주암에 보관되어 오던 효령대군의 초상화를 베껴 그린 영정이 있습니다. 또 사당 뒤에는 묘가 있는데 왕릉에 비해 화려하지 않지만 포근하고 편안한 느낌을 줍니다. 묘 앞과 옆으로는 등과 문관 형상의 돌상이 있어 왕릉과 다른 대군의 묘를 연구하는 데 좋은 자료가 되지요.

역사 속으로

충과 효, 예를 갖춘 효령대군

　조선 3대 임금 태종의 둘째 아들인 효령대군은 양녕대군, 성녕대군, 세종과 함께 원경왕후 민씨의 자식입니다. 네 형제 가운데 가장 오래 살아 태조부터 연산군까지 조선 9대 왕을 지켜보았던 왕실의 친척이기도 하지요. 세종처럼 늘 책을 가까이했고, 효성이 지극했을 뿐만 아니라 형제지간의 우애도 두터웠다고 합니다. 세종을 적극적으로 도와 충신의 역할도 해서 충과 효, 예를 갖춘 인물이라고 평가받기도 합니다. 세종 역시, 형인 효령대군에게 예의를 갖추는 것을 잊지 않았다고 합니다.

　효령대군 하면 무엇보다 불교와 떼어 놓을 수 없습니다. 워낙 불심이 강해서 세종이 왕이 된 후에는 스님이 되었다고 합니다. 효령대군은 조선의 기본 이념이었던 유교와 백성들이 의지하고 있었던 불교의 조화를 주장하기도 했습니다. 그 가운데 불교와 관련된 가장 큰 업적은 원각사를 세우고 원각사지 10층 석탑을 만든 것과 《원각경》을 우리말로 번역해 놓은 것이라고 할 수 있습니다.

효령대군 신도비

남이장군 사당터

성동구 　주소 서울시 성동구 사근동 190-2

　서울에는 남이 장군을 기리기 위한 사당이 두 군데나 있습니다. 성동구 사근동과 용산구 용문동에 있는데, 같은 인물을 기리는 사당이 왜 두 군데나 있을까요?

　옛날 무속이나 민간신앙에서는 남이 장군처럼 의리와 용맹을 갖춘 장군들을 신처럼 떠받들었습니다. 남이 장군처럼 용감해야 잡귀를 떨칠 수 있다는 백성들의 소박한 믿음이 깔려 있기 때문이지요.

　사근동의 경우 남이 장군 사당을 세우게 된 데에는 호랑이와 관련된 전설이 내려옵니다.

　당시 아차산에서부터 이곳 사근동까지 백호가 자주 나타나 사람들을 마구 해쳤다고 합니다. 용맹한 남이 장군은 백호를 잡기 위해 사당 부근에서 머무르며 지키고 있었습니다. 그러다가 백호가 나타나자, 맨손으로 잡았습니다. 이에 주민들이 그를 기려 이곳에 사당을 세웠다고 합니다. 이 사당은 백호당이라고도 부르며, 안에는 남이 장군의 화상을 모시고 있었습니다. 지금은 표지석만 남아있습니다.

처녀를 살린 남이 장군

　남이 장군은 조선 시대 문신이었던 남휘와 태종의 넷째 딸인 정선 공주의 맏아들로 태어났습니다. 무예가 뛰어나고 용맹했을 뿐만 아니라 남들과 다른 능력이 있었지요. 그래서 남이 장군과 관련된 전설이 많습니다. 그중 하나는 귀신의 장난으로 죽게 된 처녀를 살려 주었다는 이야기입니다.

　남이 장군이 동네 청년들과 어울려 논길을 달리며 연을 날리고 있을 때였습니다. 남이 장군 곁으로 아리따운 처녀가 광주리를 머리에 이고 지나가는데, 거기에는 잘 익은 감이 담겨 있었습니다. 그런데 남이 장군이 자세히 보니 광주리 위에 요귀 한 마리가 덜렁 앉아 있는 것이었습니다. 처녀가 걱정되어 남이 장군은 연을 날리다 말고 뒤를 졸졸 따라갔습니다. 처녀는 골목으로 들어서더니 잰걸음으로 어느 집으로 들어갔습니다. 그 집은 바로 이조판서 권람의 집이었습니다. 남이 장군은 남의 집에 함부로 들어갈 수 없어 집 밖에서 서성거렸습니다. 잠시 후 집 안에서 우는 소리가 들려왔습니다. 그때 남이 장군이 얼른 들어가 요귀를 큰 소리로 꾸짖었습니다. 요귀는 놀라 도망쳤고, 죽은 듯 꼼짝도 하지 않던 처녀가 숨을 쉬기 시작했습니다. 후에 권람은 딸을 살려 준 남이 장군을 사위로 맞아들였습니다.

　남이 장군은 17세에 무과에 장원급제하고, 포천과 영평 등지에서 도적을 토벌하고 조선을 넘보는 여진족도 물리쳤습니다. 그래서 세조의 특별한 사랑을 받으며 공조판서, 병조판서를 지냈지요. 하지만 세조가 죽고 예종이 임금 자리에 오르자 남이 장군은 예종이 자신을 싫어한다는 것을 알고 병조판서 벼슬을 다른 사람에게 물려주었습니다. 그런데도 남이 장군을 시기하던 신하들은 그가 반역을 꾀한다며 모함했습니다. 남이 장군을 탐탁지 않게 여기던 예종은 그 핑계로 사형을 선고했습니다. 나라를 위해 용맹을 떨친 남이 장군은 안타깝게도 젊은 나이에 세상을 뜨고 말았습니다.

의릉

성북구

주소 서울시 성북구 화랑로32길 146-37(석관동 409)

　의릉은 조선 20대 임금 경종과 두 번째 부인 선의왕후 어 씨의 무덤입니다. 사실 경종보다는 어머니인 장희빈이 더 잘 알려져 있지요. 장희빈은 인현왕후를 아무 까닭 없이 저주한 죄로 죽임을 당했습니다. 이러한 어머니의 영향으로 경종은 어려서부터 건강하지 못했습니다. 그리고 당시는 당파 싸움이 심해 정치를 제대로 펼 수도 없었지요. 그 때문인지 경종은 뒤를 이을 자식도 없이 왕위에 오른 지 4년 만에 죽었습니다.

　천장산 기슭에 조성된 의릉은 여느 능처럼 좌우로 된 쌍릉이 아니라 위아래로 자리 잡은 '동원상하봉'이라는 쌍릉 형식입니

다. 조선 왕릉에서는 보기 드문 경우로 자연을 훼손하지 않으면서 풍수지리에 따른 형태입니다. 능 주변의 석물들은 규모가 작아서 단출하면서도 소박한 느낌을 줍니다.

의릉은 다른 왕릉과 달리 일반 사람들에게 공개된 지 얼마 되지 않았습니다. 1996년 5월에야 개방이 되었는데, 1960년대 초부터 당시 중앙정보부(현재의 국가정보원)가 의릉 내에 자리를 잡았기 때문입니다. 중앙정보부는 청사를 짓기 위해 산허리를 자르고 전통에 어울리지 않는 인공적인 시설물을 설치했지요. 경종은 죽어서도 후세들 때문에 고난을 겪게 된 셈이죠. 하지만 중앙정보부는 이사를 하였고, 현재는 조선 왕릉 본래의 모습을 되찾기 위해 국가유산청이나 여러 기관에서 애쓰고 있다고 합니다.

혼유석의 비밀

혼유석
무덤 중앙에 자리한 네모난 돌 판으로, 신들이 나와 쉬고 노는 곳이다.

왼쪽의 사진에서 무덤 중앙에 자리한 네모난 돌 판이 보이나요? 바로 신들이 나와 쉬고 노는 돌 혼유석입니다. 마치 제사를 지내는 제단 같지만, 정자각에서 제를 지내고 임금조차도 무덤 앞에는 오지 못했다고 합니다. 그렇다면 당시 1,000여 명이 동원되어 옮겼다고 할 만큼 무거운 혼유석이 무덤 앞에 있는 이유는 무엇일까요? 혼유석 아래에는 왕의 시신이 안치된 석실로 가는 연결 통로가 있습니다. 바로 혼유석이 이 통로를 가로막는 구실을 한 것이지요. 혼유석을 들어내야 도굴을 할 수 있었는데, 너무 무거워서 들어내기가 쉽지 않았겠죠? 이처럼 혼유석은 직접적으로 무덤을 지키고 있는 중요한 석물입니다.

정릉

성북구 주소 서울시 성북구 아리랑로 19길 116

앞에서도 나왔지만, 정릉이라는 이름의 능이 참 많습니다. 그러나 한자도 다르고 무덤 주인도 모두 다릅니다.

성북구에 있는 정릉은 조선 태조 이성계의 두 번째 부인인 신덕왕후 강 씨의 무덤입니다. 강 씨는 태조가 왕위에 오르자, 왕후가 되었으며 방번과 방석 두 형제를 낳았습니다. 강 씨는 두 번째 부인임에도 태조의 극진한 사랑을 받았지요. 그래서 태조가 조선을 세우고 본부인 아들 중에 세자를 삼으려 했을 때, 강 씨가 눈물로 호소해 자신의 둘째 아들 방석을 세자로 책봉하게

정릉비각
고종이 손수 쓴 대한신덕고황후정릉大韓神德高皇后貞陵이 새겨져 있다. 1900년(광무 4)에 조선을 대한제국으로, 태조를 고황제로, 신덕왕후를 고황후로 명칭을 변경하면서 이 비를 세웠다

했습니다. 조선을 세우는 데 아무런 공이 없던 방석이 세자가 되자 이방원은 분노하게 되었습니다. 결국 이방원은 왕자의 난을 일으켜 강 씨의 아들들을 죽이고 자신이 왕이 되는 순서를 밟았지요. 물론 강 씨가 죽은 지 2년이 지난 일이었습니다.

태조는 죽은 신덕왕후 강 씨를 위해 온갖 정성을 쏟았습니다. 지금의 덕수궁 뒤쪽에 능을 만들어 놓고, 흥천사를 세워 강 씨의 명복을 빌게 했습니다. 오죽하면 대궐에서 정릉의 아침재 올리는 종소리를 들은 후에야 식사했다고 합니다. 그 후 태조는 왕자의 난으로 방번과 방석이 죽자, 왕위를 둘째 아들 방과에게 물려주고, 정릉에 자주 가서 불공에 정성을 기울였습니다. 태조가 죽자, 정릉의 영광이 하루아침에 무너지고 말았습니다. 정종의 뒤를 이어 왕위에 오른 태종이 정릉을 박대했기 때문입니다. 태종에게 강 씨는 계모이고 미워했던 방석의 어머니여서 달갑지 않았던 것입니다. 그래서 태종은 도성 안에 능이 있으면 안 된다는 핑계를 대 정릉을 당시 도성 밖인 지금의 자리로 옮겨 버렸습니다. 신하들을 통해 내세운 명분은 왕릉이 모두 도성 밖에 있는데 정릉만이 안에 있고, 능의 구역이 너무 넓고, 사신이 묵는 숙소에 가깝다는 것이었습니다. 또한 태종은 정릉을 도성 밖으로 이장한 것뿐만 아니라 정릉의 목재와 석재 일부는 태평관에 쓰고, 광통교를 복구하는 데도 십이지신상이 새겨진 석물들을 사용했습니다. 그래서 정릉은 왕가의 능이라면 으레 있어야 할 난간석도, 병풍석도, 무인석도 없는 초라한 왕비릉이 되었습니다. 단지 조선 최초의 왕비릉이라는 의미만 남아 있습니다.

흥천사

성북구

주소 서울시 성북구 흥천사길 29 (돈암동595)
주요문화재 극락보전, 명부전

　조선을 세운 태조의 부인에 대한 깊은 애정을 엿볼 수 있는 곳은 정릉뿐만 아니라 흥천사도 있습니다.

　태조는 신덕왕후 강 씨가 죽자 통곡하며 슬퍼했습니다. 도성 안에 열흘 동안 장이 서지 못하게 하고, 오랫동안 상복을 입도록 지시했지요. 그리고 강 씨의 명복을 빌기 위해 170여 칸 규모의 흥천사를 세웠습니다. 흥천사가 신덕왕후의 내세를 빌어 주기를 간절히 바란 것입니다. 또한 임종(죽음을 맞이함) 때에는 특별히 '흥천사를 보호하라'는 유언을 남기기도 했습니다.

　한동안은 태조의 유언을 무시할 수 없어 정릉이 도성 밖으로

> **흥천사**
> 조선 철종 때 지어진 화려한 목조 건축물이다.

이전되는 수모를 겪었음에도 흥천사는 명맥을 이어갔습니다. 하지만 유교 이념이 체계화된 성종 때에는 흥천사에 예전만큼 지원을 해주지 않았습니다. 엎친 데 덮친 격으로 연산군 때와 중종 때 화재로 흥천사는 터만 남게 되었지요. 화재 속에서 살아남은 흥천사 종만이 이리저리 떠돌다가 지금 덕수궁에 있습니다. 현재의 흥천사는 철종에 이르러 고쳐서 세웠고, 불교에 우호적인 흥선대원군의 도움으로 예전의 영광을 되찾게 되었습니다.

흥천사에는 극락보전과 명부전이라는 빛나는 문화재가 있습니다. 철종 때 지어진 극락보전은 화려한 꽃무늬가 조각된 문, 가운데 두 기둥 위에 돌출된 용머리 장식, 꽃살 창호, 여덟 八 모양의 팔작지붕 등으로 구성된 다포 양식의 화려한 목조 건축물입니다. 서울에서 찾아보기 힘든 사찰 건축으로 매우 귀중하게 평가받고 있습니다.

역시 철종 때 지은 명부전은 고종 때 손질한 건물로, 화려한 극락보전에 비해 소박하게 느껴집니다. 하지만 기둥 위에는 밖

명부전

흥천사 극락보전 벽면불화

으로 용머리를 힘차게 장식했고, 안으로 용꼬리를 새겨 놓아 기품 있지요. 명부전 불상 뒷면에는 지장보살 탱화(부처, 보살, 성현들을 그려서 벽에 거는 그림)가 걸려 있고, 그 좌우로는 열 분의 왕(시왕十王)을 그린 그림이 있습니다.

역사 속으로

흥천사 동종이 왜 덕수궁에 있을까요?

흥천사 동종은 덕수궁 광명문이라는 현판 아래 어울리지 않게 우스꽝스럽게 있습니다. 그 모양이 위에 걸려 있는 것도 아니고 아래에 받쳐진 것도 아닙니다. 왜 이런 이상한 모습으로 매달려 있을까요?

원래는 광화문을 새로 지으면서 고종이 그 문루에 달 종을 찾던 중에 흥천사의 동종을 택해 걸어두었다고 합니다. 그런데 일제강점기 때 일본인 골동품상이 동종을 떼어다가 거금을 받고 덕수궁 안에 있던 이왕가 미술관에 팔아넘겼다고 합니다.

하지만 해방이 되고 나서 이 미술관에 있던 모든 수장품은 중앙국립박물관으로 모두 옮겨졌습니다. 그런데 유독 이 종만은 이 자리를 지키고 있으니 참 의문스러운 종입니다.

흥천사 동종

풍납토성

송파구

주소 서울시 송파구 풍납동 73-1

한강 유역에 자리를 잡은 백제는 어떤 모습으로 살았을까요? 백제도 하나의 나라이니만큼 성을 쌓아 이웃 나라들과 구분을 짓고 살았습니다. 그 흔적이 바로 풍납토성입니다. 이 성은 이웃한 몽촌토성을 비롯해 석촌동 고분군, 아차산성 등과 함께 백제의 가장 중요한 도성 유적의 하나입니다.

풍납토성은 현재 우리나라에 있는 토성 가운데 최대 규모의 성입니다. 5,000점 이상의 기와가 묻힌 구덩이, 백제 전기의 집터, 가락바퀴, 토기 등 백제의 유물들이 출토되었으며, 지금도 발굴 작업이 계속되고 있습니다.

풍납토성
우리나라 최대 규모의 토성으로, 백제의 많은 문화유산이 출토되었다.

지금까지 발굴된 성의 규모와 성을 쌓았던 시기, 유물 등을 통해 백제가 강력한 왕권 국가라는 것을 확인할 수 있습니다. 이미 《삼국사기》<백제본기>에도 같은 내용이 기록되어 있는데, 역사를 증명할 만한 사실들이 속속 발굴되고 있는 것이지요. 또한 궁전과 관청 구역, 제사 구역으로 짐작할 수 있는 건물지들과 중국과 일본과의 교역이 활발했음을 보여 주는 유물들이 발굴되고 있어서 백제의 역사는 다시 기록될지도 모릅니다. 풍납토성의 복원이 완성된다면 백제의 역사뿐만 아니라 한국 고대사에도 큰 변화가 오겠지요?

역사 속으로

인류 문명의 탄생지, 강

세계 4대 문명의 공통점은 무엇일까요? 바로 강 근처에서 발생했다는 점입니다. 이것은 고대 국가도 마찬가지지요. 강 근처는 땅이 기름져 농사를 짓기에 좋은 조건을 갖추었습니다. 또한 농사에는 반드시 물이 필요한데, 강 가까이에 있으면 물도 쉽게 얻을 수 있겠지요? 그래서 큰 강 주변에는 자연스럽게 많은 사람이 모여서 살게 되었습니다. 사람들은 강을 따라 마을을 이루었고, 농경지를 만들거나 둑을 쌓아 저수지를 만들기 위해 힘을 합쳐 일을 했지요. 규모가 더 커지면서 큰 마을은 도시로 발전했고, 더 나아가 국가를 이루게 되었습니다.

몽촌토성

송파구

주소 서울시 송파구 올림픽로 424(오륜동 88-3)

몽촌토성
백제를 대표하는 토성으로서, 자연 언덕을 이용해 울타리를 세웠으며 성 밖에는 공격을 대비해 도랑을 파 놓았다.

백제를 대표하는 두 토성으로서 풍납토성이 흙을 이용해 쌓은 성이라면 몽촌토성은 조금 더 발전된 형태의 성입니다. 자연 언덕을 이용해 진흙으로 바르고 나무 울타리를 세웠을 뿐만 아니라 성 밖에는 공격을 대비해 도랑을 파서 두른 형태이지요. 지금

명부전

몽촌토성에서 발견된 움집터

까지 확인된 적이 없는 특수한 토성 구조인데, 많은 학자들은 백제의 왕성으로 추측한다고 합니다.

몽촌토성 터에서는 사람들이 살았다는 것을 보여 주는 주거지와 묘가 발견되었습니다. 또한 옛 성터치고는 많은 유물이 나왔는데, 이러한 유물들은 백제 한성 시기, 즉 백제가 웅진으로 도읍지를 옮기기 전까지의 시기에 해당하는 것들로 보고 있습니다. 특히 중국 서진의 동전 무늬가 찍힌 자기 조각이 발견되어, 성이 쌓인 때가 서진이 있었던 3세기 말경으로 보고 있습니다. 따라서 몽촌토성은 많은 유물을 통해 백제 사람들이 어떻게 살았는지를 미루어 보여 주기 때문에 역사적으로 매우 중요한 성터입니다. 몽촌토성에서 발굴된 백제 초기의 유물들은 가까이에 있는 몽촌역사관에서 볼 수 있습니다.

화살촉과 가락바퀴

백제 시대의 토기들

방이동 백제 고분군

송파구

주소 서울시 송파구 방이동(송파나루역 3번출구)

고분이란 우리 조상들의 무덤을 말하는데, 그중 일반 사람들의 무덤이 아닌 왕처럼 높은 지위에 있는 사람들의 무덤을 가리킵니다.

방이동 백제 고분군은 방이동 일대에 자리 잡은 백제 초기의 무덤들입니다. 이곳 고분들의 봉분(흙을 둥글게 쌓아 올려서 만든 무덤) 형태는 원형이고, 내부 구조는 횡혈식 석실분(굴식돌방무덤)과 수혈식 석곽묘(돌덧널무덤), 두 형식으로 되어 있습니다.

제1호분은 횡혈식 석실분입니다. 돌로 널방과 밖으로 통하는 길을 만들고 흙을 덮은 무덤을 말합니다. 무덤 벽면의 돌과 돌

> **제1호분 무덤**
> 형태는 원형이고 내부 구조는 횡혈식 석실분이다.

사이를 진흙으로 메우고 겉면도 진흙을 얇게 바른 것이 특징입니다. 제6호분은 석실 중앙에 돌벽을 쌓은 것이 특징이며, 신라 토기 형식을 띤 회청색 경질 고배(굽다리 접시)가 발견되었습니다.

고분 모두 오랜 세월 동안 버려져 있었기 때문에 손상된 흔적이 보입니다. 여덟 기의 고분을 중심으로 1983년 서울시가 복원 공사를 해서 지금과 같은 공원이 되었습니다.

방이동 동남쪽 고분군

역사 속으로

방이동 백제 고분군의 특징은 무엇일까요?

▶ 횡혈식 석실분

돌로 시신을 안치할 수 있는 널방을 만들고 밖으로 통하는 길을 만든 뒤 흙으로 덮어 만든 무덤입니다. 죽은 사람이지만 살아 있을 때와 같이 사람들이 드나들 수 있도록 해놓았습니다. 그래서 많은 유물들이 도둑맞았다고 합니다.

▶ 수혈식 석곽묘

땅속에 깊이 구덩이를 파고 돌로 네 면을 쌓아서 사각형의 관을 넣을 수 있도록 만든 돌무덤입니다. 바닥이나 천장은 돌로 깔거나 덮기도 했지만 그렇지 않은 경우도 있습니다.

백제 초기 적석총

송파구

주소 서울시 송파구 가락로7길 21(석촌동 248)

적석총이란, 일정한 구역의 땅에 구덩이를 파거나, 구덩이 없이 시신을 놓고 그 위에 돌을 쌓아 올린 무덤을 뜻합니다. 선사시대부터 고구려와 백제 초기에 나타난 형식으로 돌무지무덤이라고도 합니다.

석촌동에 있는 백제 초기 적석총은 백제가 도읍지인 웅진으로 수도를 옮기기 전까지 만들어진 백제 초기의 고분군입니다. 이웃에 있는 가락동 고분, 방이동 고분군과 함께 백제 초기의 매장 풍습과 당시 문화·정치·사회 등을 연구하는 데 도움을 주는

석촌동 제1호분
두 개의 고분이 합쳐진 쌍분이다

중요한 문화재입니다. 1917년 당시만 해도 60기 이상의 적석총이 남아 있었고, 돌이 많다고 해서 '돌마리'라고 불렸습니다.

일제강점기 때 백제 초기 적석총에 대한 조사가 시작되었습니다. 그러나 어떤 이유인지 도중에 흐지부지되고 말았습니다. 그 후 본격적인 조사는 1969년에야 이루어졌습니다. 조사단에 의해 처음 발굴된 제1·2호 적석총은 주민들이 농사를 짓는 바람에 많이 망가져 있었습니다. 백제 시대의 유물인지도 모르고 논, 밭으로 사용했던 것입니다. 따라서 내부 구조와 유물이 정확히 파악되지 않았습니다.

제3호 적석총은 높은 지형을 평탄하게 한 다음 돌을 쌓아 올려 만들었습니다. 이를 기단식 적석총이라고 하지요. 동서 길이 49.6미터, 남북 길이 43.7미터, 높이 4미터에 이르러 중국 길림성 지안에 있는 장군총보다 규모가 큽니다. 또한 고구려 무덤의 특징을 그대로 보여 주고 있어 백제와 고구려가 역사적으로 교류가 있었다는 것을 증명해 줍니다. 학자들은 무덤의 규모로 볼 때 백제 근초고왕의 능이 아닐지 생각합니다. 제4호 적석총은 역시 고구려의 영향을 받은 것으로 보고 있는데, 백제가 발전시켜 백제화한 고분으로 평가받습니다.

제3호분

제4호분

토광묘

내원외방형분

역사 속으로

흔적으로만 살펴보는 적석총

현재 석촌동에 있는 적석총은 구조 형식과 축조 시기를 달리하는 고분 8가가 남아 있습니다. 사적 제243호로 지정되어 보수와 정비를 거친 것은 제3·4호분입니다. 제1·2호분과 내원외방형분 등 3기는 훼손이 심해 아랫부분 일부만 남아 있고, 토광묘 2·3호 2기는 원형을 보존하기 위해 흙을 덮고 그 위에 모형 토광묘를 만들어 놓은 상태입니다.

▶ 석촌동 제1호분 두 개의 고분이 합쳐진 것으로 보고 있는데, 이를 쌍분이라 합니다.

▶ 석촌동 제2호분 이 고분의 구조 형식은 돌을 쌓아 만든 고구려식외 적석총이 변해 백제화한 것으로 볼 수 있습니다.

▶ 석촌동 제2호 토광묘 토광묘는 구덩이를 파고 시신을 직접 넣거나 나무 관이나 나무 곽에 시신을 넣고 그 위에 흙을 쌓아 올린 무덤을 말하는데, 적석총보다 앞선 시기로 짐작하고 있습니다.

▶ 석촌동 제3호 토광묘 이곳은 원래의 토광묘를 영구히 보존하기 위해 방수 시설을 한 점이 눈길을 끌고 있습니다.

▶ 내원외방형분 적석총 시기와 고분의 원형은 분명하지 않았으나 아랫부분에 해당하는 기단부의 모양을 내원외방형이라고 보게 되었습니다. 평면에 원형을 이루고 그 바깥으로 다시 원으로 싸고 있는 형태만 남아 있습니다.

삼전도비

송파구 주소 서울시 송파구 송파나루길 256

부끄러운 역사를 가슴에 새기는 것은 다시는 그런 역사를 만들지 않기 위한 다짐입니다. 우리나라에도 굴욕적인 역사를 새긴 비석이 있었으니 바로 삼전도비입니다. 병자호란 때 청에 패배한 조선이 삼전도에서 강화를 맺은 뒤 청나라 태종의 요구에 따라 그의 공덕을 새긴 비지요.

삼전도비는 대리석 계통으로 오랜 세월이 흘렀음에도 그 흔적이 잘 남아 있습니다. 앞면 왼쪽에 몽골 문자, 오른쪽에 만주 글자, 그리고 뒷면에 한자가 새겨져 있지요. 조선이 청에 항복하게 된 이유와 청 태종의 침략을 '공덕'이라 칭송한 굴욕적 내용입니다. 그러나 이 비에 새겨진 만주·몽골 문자는 조선 시대의 외국어를 연구하는 데 중요한 자료가 되기도 합니다.

삼전도비는 높이 3.95미터, 너비 1.4미터로, 비를 받치고 있는 밑받침이 거북이 모양을 하고 있습니다. 옆에는 거북 받침대만 남은 조형물이 한 개 더 있는데, 이것은 처음 만든 비석이 작다는 청나라의 지적에 따라 다시 비석을 크게 만들었기 때문이라고 합니다. 또한 인조가 청 태종의 군영을 찾아가

삼전도비와 거북 받침대
병자호란 때 청에 패배한 조선의 수치스러운 역사가 담긴 비이다.

인조의 항복
태조의 군영을 찾아가 항복하는 인조의 모습이 그려진 부조이다.

항복하는 모습을 그린 부조물도 놓여 있습니다.

삼전도비는 한때는 부끄러운 역사의 흔적이라고 해서 땅 속에 묻히기도 했습니다. 그러나 이 비를 보면서 다시는 모욕적인 외교를 하지 말아야 한다는 교훈을 되새기는 것도 좋은 역사 공부가 될 듯합니다.

역사 속으로

병자호란은 어떤 전쟁일까요?

청나라는 만주에 살던 여진족이 세운 나라로, 본래 조선에 조공을 바치던 부족이었습니다. 그런데 임진왜란으로 조선과 명나라가 큰 피해를 보자 이를 틈 타 후금이라는 나라를 세웠습니다. 광해군 때까지만 해도 대치해 있던 후금은 인조반정 이후 조선에 쳐들어와 정묘호란을 일으켰습니다. 그 후 화해 협정을 맺었지만, 후금은 국호를 청으로 바꾸고 조선에 형제 관계에서 군신 관계를 요구해 왔습니다. 명나라를 따르던 조선은 이를 거부했지요. 그러자 청 태종이 조선을 침략했는데, 이것이 병자호란입니다. 빠른 기세로 청은 조선의 한양을 점령했고, 인조와 신하들은 남한산성에서 45일간 맞서 싸웠습니다. 그러나 결국 삼전도에서 무참히 강화 협정을 체결하게 되었습니다. 그 결과 삼전도비를 세우고, 소현세자와 봉림대군 두 왕자가 인질로 잡혀갔습니다. 또한 청과 화해할 수 없다는 신하들이 죽임을 당했고, 50여만 명의 백성들이 포로로 잡혀갔습니다.

경천사 십층석탑

용산구 주소 서울시 용산구 서빙고로 137(용산동6가 168-6)국립중앙박물관

경천사 10층 석탑은 많은 우여곡절 끝에 지금은 국립중앙박물관에 있습니다. 원래 경기도 개풍군 경천사지에 석탑만 남아 있던 것을 일제강점기 때 일본이 도쿄로 가져가 버렸지요. 다시 우리나라로 돌아왔지만 운송 과정에서 크게 훼손이 되었습니다. 그 후 경복궁에 복원이 되었지만 야외 전시로 또다시 많은 손상을 입게 되었습니다. 그래서 1995년부터 10년 동안 다시 복원 과정을 거쳐 지금의 자리에 있게 된 것입니다.

경천사 10층 석탑이 있던 경천사는 고려 전기에 창건한 것으로 추정되는 절입니다. 이 석탑 역시 고려 시대 세워진 탑이지요. 탑 1층 몸돌에 1348년(고려 충목왕 4)에 세웠다는 기록을 통해 알 수 있습니다. 원각사지 10층 석탑에 영향을 준 것처럼 전체적인 틀은 대리석으로 만들어졌습니다. 3층까지 기단을 이루고, 4층에서부터는 정사각형으로 쭉 올라가 있습니다. 3층까지는 웅장하면서도 화려하게 장식이 되어 있고, 곳곳마다 여러 가지 무늬가 빈틈없이 조각되어 있을 뿐만 아니라 지붕돌은 기와집 처마처럼 되어 있어 화려함이 돋보이는 석탑입니다.

  고려 시대에는 불교문화가 발달했던 때라 수많은 석탑이 세워졌지만, 이 석탑의 유형은 고려 시대에는 찾아보기 힘들 정도로 희귀한 작품이라고 합니다.

서빙고동 부군당

용산구 주소 서울시 용산구 서빙고로 137(용산동6가 168-6)국립중앙박물관

　조선 시대 사람들은 토속신앙에 관심이 많았습니다. 그래서 마을 입구 같은 곳에 당산나무를 심거나 서낭당을 세우기도 했습니다. 서울에서도 마찬가지였지요. 서빙고동 부군당은 조선 시대에 마을 주민들이 마을을 지키고, 평화롭게 살기 위해서 세운 신당입니다. 다른 지역에서는 이런 형태의 신당을 서낭당 등으로 불렀다면 서울 경기 지역에서는 '부군당'이라고 불렀습

부군당 내부
신으로 모시는 태조 이성계·부인 강 씨의 초상화와 삼불제석을 그린 무신도가 들어 있다.

니다.

　서빙고동 부군당은 언제 세워졌는지 정확히 알 수 없지만, 현판의 내용을 보면 1635년(인조 13)에 다시 수리했다는 것을 알 수 있습니다. 당의 모습은 지붕면이 양면으로 경사를 이룬 맞배지붕의 한옥으로, 주위에는 돌담이 둘러 있습니다.

　정면에 한 칸 규모의 본당이 있고, 본당의 왼쪽에 기역(ㄱ)자 형으로 재실 건물이 있는데 내부에는 부엌, 마루, 온돌방, 창고가 있습니다.

　본당 안에는 신으로 모시는 세 분의 무신도가 있습니다. 이 당의 주신으로 모신 태조 이성계·부인 강 씨의 초상화와 출산과 목숨, 농사의 신이라는 삼불제석입니다. 이 세 무신도는 비단 바탕에 채색한 그림으로 무신도 중에서도 매우 뛰어난 것이라 합니다.

　사당이나 신당이 있으면 당연히 제사 의식이 뒤따릅니다. 이곳 부군당제는 매년 1월 1일에 올리는데 그 형식이 흥미롭습니다. 유교식으로 먼저 제를 올린 다음 부군당 할머니라는 만신이 나와 참여한 사람들에게 축원을 해줍니다. 유교와 토속신앙이 결합한 경우라 하겠지요. 그래서 서빙고동 부군당은 조선 시대의 서민들이 의지했던 신앙은 무엇이었는지 알아볼 수 있는 중요한 자료입니다.

진관사

은평구

주소 서울시 은평구 진관길 73 (진관동 354)
주요문화재 나한전 소조 십육나한상, 독성각 소조 독성상, 나한전 영산회상도, 독성각 산신도, 칠성각 영정, 칠성각 석불좌상, 칠성각 칠성도 등

   진관사는 북한산 자락에 있는 절로, 고려 시대 8대 임금인 현종과 진관 대사에 대한 설화로 유명합니다. 조선 세종 때에는 집현전 학자들이 휴가 기간 책을 읽던 장소이기도 했습니다.

   진관사에서는 바다와 육지를 떠도는 혼령들에게 부처님의 말씀을 가르치고 음식을 베풀어, 그들을 구제하는 것을 목적으로 하는 수륙재水陸齋를 지냈습니다. 수륙재는 고려에서 많이 행해졌는데, 조선에서도 왕가를 중심으로 지냈다고 합니다.

   진관사에는 나한전 소조 십육나한상, 독성각 소조 독성상, 칠성각 석불좌상, 칠성각 영정, 칠성각 칠성도, 나한전 영산회상도, 독성각 산신도 등 불교 유물이 많습니다.

   나한전 소조 십육나한상은 나한전에 봉안된 열여섯 구의 나

> **나한전 소조 십육나한**
> 점토 같은 재질로 채색해 만든 총 스무구의 아담한 불상으로 표정이 익살스러워 개성이 넘친다.

칠성각 석불좌상과
그 뒤로 보이는 칠성도

칠성각 영정

나한전 영산회상도

한상과 제석상, 사자상, 인왕상 등으로 총 스무 구를 말합니다. 모두 인도식 이름을 가진 나한상들은 여러 가지 상징하는 물건을 들고 자세나 표정도 각각 다른 것이 특징입니다.

　독성각 소조 독성상은 젊은 나한의 모습이며, 칠성각 석불좌상은 옥석으로 만든 도금한 석조여래좌상입니다.

　칠성각 영정은 그림에 한글로 '인사사절 명호불 영뎡'이라고 적혀 있어 인사사의 명호 스님을 그린 것이라 여기고 있습니다. 스님을 찬양하는 시와 한글 제목 등이 다른 영정에서는 볼 수 없는 특징입니다.

　나한전 영산회상도는 석가모니가 영축산에서 설법하는 모습이고, 독성각 산신도는 절에 모셔져 있지 않았다면 민화로 볼 수 있을 만큼 서민적인 탱화입니다. 산신과 호랑이만 살려 놓은 구도가 눈에 띕니다.

　원래의 진관사는 6·25 전쟁 때 타버렸고 지금의 진관사는 그 후에 다시 지어진 사찰입니다.

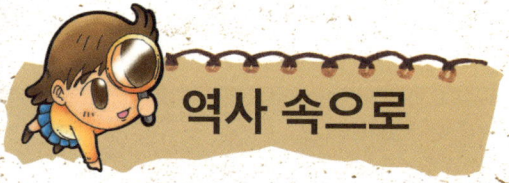

역사 속으로

신관사는 어떻게 생겨났을까요?

진관사에 얽힌 이야기는 고려 시대 경종 임금 때부터 시작됩니다. 경종은 젊고 유능했으나 몸이 많이 약했지요. 그래서 왕후를 맞은 후 얼마 되지 않아 죽고 말았습니다. 슬픔에 빠진 젊은 왕후는 눈물로 세월을 보내다가 그만 나쁜 유혹에 빠지고 말았습니다. 다른 사람과 부정을 저질러 아들까지 낳았던 것입니다.

그러던 어느 날이었습니다. 당시의 임금인 왕후의 큰아들 목종이 뒤를 이을 아들이 없자, 같은 왕가의 혈통을 가지고 있는 대량원군에게 왕위를 물려주려 했습니다. 바로 그때 나쁜 왕후는 자신이 낳은 아들을 왕으로 세우기 위해 계략을 꾸몄습니다. 우선 어린 대량원군을 숭경사에 가두고 죽이려 했습니다. 그러나 하늘의 뜻인지 대량원군은 멀쩡히 살아 있었습니다. 그러자 다시 진관 대사가 혼자서 수도하는 삼각산의 한 암자로 쫓아 버렸습니다. 진관 대사는 대량원군의 신변이 위험하다는 것을 느끼고 산문 밖에 망보는 사람을 세워 두는가 하면 본존불을 안치한 수미단 밑에 땅굴을 파고 그 안에 대량원군을 피신시켜 자객의 공격을 피하게 했습니다.

독성각 산신도

대량원군은 이렇게 위험을 넘기면서 3년 후 8대 임금 현종이 되었습니다. 현종은 자신의 목숨을 보호해 준 진관 대사의 은덕에 대해 고개 숙여 감사했지요. 진관 대사와 눈물로 작별하면서 자신이 거처하던 땅굴을 신혈神穴이라 하고 절 이름을 신혈사로 바꾸기를 청했습니다. 그 후 현종은 진관 대사의 은혜에 보답하고자 신혈사 근처에 크게 절을 세우게 하고, 진관 대사의 이름을 따서 진관사라 명했습니다. 그때부터 그곳의 마을 이름도 진관동이라 부르게 됐다고 합니다.

서울 성곽

종로구

주소 서울시 종로구 누상동 산 1-3 외

서울 성곽

조선 시대의 서울 구역으로, 서울을 하나의 원 모양으로 두른 것이다.

서울의 행정 구역을 눈으로 구분할 수 있도록 해주는 것이 서울 성곽입니다. 조선 시대 서울과 현재 서울의 범위는 다릅니다. 지금이 훨씬 넓지요. 즉, 서울 성곽이 둘러싸고 있는 만큼이 조선 시대의 서울 구역이라 할 수 있습니다.

성곽은 행정상으로도 도성 안팎을 구별했을 뿐만 아니라 외적의 침입으로부터 도성을 보호하는 역할도 했습니다. 태조는 한양으로 도읍지를 옮긴 후 궁궐과 종묘를 먼저 짓고, 다음으로 성곽을 짓는 것이 중요한 일이라고 여겼지요. 그래서 전국에 걸쳐 많은 이들을 모아 성곽 공사에 들어갔습니다. 서울의 주산主山으로 불리는 백악(북악산)에서 시작해 동쪽의 낙산(지금의 종로구, 동대문구, 서대문구에 걸쳐 있는 산)과 남쪽의 목멱산(남산), 서쪽의 인왕산을 돌아 다시 백악의 능선에서 끝을 맺었습니다. 서울을 두르는 하나의 원을 만든 것이지요. 그리고 성곽의 구역마다 만든 사람의 이름을 새겨 책임을 물었습니다. 지금도 그 흔적이 남아 있답니다.

성곽뿐만 아니라 도성 안과 밖으로 통하는 문도 만들었습니다. 그 문이 사대문(동-흥인지문, 서-돈의문, 남-숭례문, 북-숙정문)과 사소문(북동-홍화문, 남동-광희문, 북서-창의문, 남서-소덕문)입니다.

서울 성곽은 태조 때 처음 쌓고, 세종 때와 숙종 때 고쳐서 모두 세 차례 공사가 있었습니다. 일제에 의해 많이 훼손되었지만 아직 남아 있는 구간이 있고, 지금도 복원 중이니 성곽 일주를 해 보는 것이 어떨까요?

원각사지 십층석탑

종로구   주소 서울시 종로구 종로 99(종로2가 38-1)

   석탑을 사람과 비교해 본다면 어떨까요? 3층 석탑이 아이들이고, 5층 석탑이 성인이라면 10층 석탑은 아마도 거인이겠지요? 그래서 10층 석탑은 우리 주변에서 찾아보기 힘듭니다. 하지만 석탑은 쌓을 때 높이를 조절하므로 층수가 많다고 무조건 높다고만 할 수 없습니다.

   국보 2호로 지정된 원각사지 십층석탑은 고려의 경천사지 10층 석탑을 모방해 만들었다고 합니다. 하지만 솜씨 면에서 뛰어날 뿐만 아니라 아름다워 조선 시대 석탑 가운데 으뜸이라고 할 수 있습니다.

   탑은 전체적으로 대리석을 깎아 쌓았는데 곳곳에 여러 가지 장식을 조각해 놓았습니다. 맨 아래 탑을 받쳐 주는 기단이 3층으로 되어 있는데, 1층에는 용, 사자, 모란, 연꽃 등의 무늬를 새겨 넣었고, 2층에는 다양한 사람들과 새, 짐승, 풀, 나무 등을, 3층에는 수많은 부처, 보살과 신선들을 새겨 놓았습니다.

   그리고 보통 탑처럼 일직선으로 쭉 쌓아올린 것이 아니라 마치 여러 채의 목조 건물이 합쳐진 것처럼 만들어져 입체감이 돋보입니다. 특히 완벽한 형태의 집으로 보일 만큼 지붕까지 얹어 놓았습니다.

하지만 화강암으로 만든 다른 탑과 달리 대리석으로 만들어져 비둘기의 분비물 등 오물에 쉽게 부식이 되는 탓에 지금은 유리관으로 보호막을 설치해 놓았습니다.

석탑에 새겨진
다양한 형상

원각사지 십층석탑

조선 시대 석탑 가운데 최고봉으로, 대리석을 깎아 여러 문양을 새겨 놓았다(확대 그림 참조). 탑의 전체 형상은 여러 채의 목조 건물이 합쳐진 것처럼 만들어져 입체감이 돋보인다. 현재는 보존을 위해 유리관으로 보호막을 설치해 놓았다.

나라의 지원과 보호가 남달랐던 원각사

　원각사지 십층석탑이 있었던 원각사는 종로 2가 탑골공원 자리에 있던 사찰입니다. 흥복사라는 이름으로 불리며 고려 시대부터 이어 내려온 아주 오래된 절이지요. 조선 태조가 한양에 도읍을 정할 때는 조계종의 핵심적인 사찰 역할을 했습니다. 나라의 지원과 보호가 남달랐던 만큼 나라에서 주관하는 일뿐만 아니라 나라를 위한 재齋를 지내기도 했습니다. 세조 때 다시 고쳐 지으면서 원각사라 했습니다.

　특히 원각사는 효령대군이 공을 많이 들인 사찰이기도 합니다. 효령대군은 세조에게 큰아버지가 되는데, 세조가 원각사를 창건하는 데 발 벗고 나서서 도움을 주었습니다. 스스로 승려의 길을 택한 적이 있을 정도로 불교에 의지하고 있었던 효령대군은 조성도감 제조라는 직책을 맡아 원각사를 짓는 일을 감독했다고 합니다. 당시 효령대군의 나이가 69세였다고 하니 그가 원각사에 쏟은 노력을 이해할 만하겠지요? 원각사지 10층 석탑 역시 2년 만에 완공되었는데, 탑 속에 효령대군이 손수 쓴 《국역 원각경》을 봉안했다고 합니다.

　하지만 원각사 터에 연산군이 연방원이라는 기방으로 만들고 승려들을 내보내면서 더 이상 원각사는 사찰로 남을 수 없게 되었습니다. 결국 1512년(중종 7)에는 원각사를 헐고 그 목재를 나누어 줌으로써 빈터만 남게 되었습니다. 그 뒤 원각사 터는 1897년(광무 1)에 탑골공원으로 꾸며졌고, 1919년 3·1운동 때 독립선언서가 낭독되었던 팔각정을 중심으로 원각사지 십층석탑과 대원각사비(보물 3호)가 남아 있습니다.

대원각사비

종로구 주소 서울시 종로구 종로 99(종로2가 38-1)

원각사의 남은 유물 가운데 하나인 원각사비를 대원각사비라 합니다. 불심이 돈독한 세조와 효령대군에 의해서 새롭게 태어난 원각사는 10층 석탑이 완공되자 원각사의 내력과 석탑을 세운 과정 등을 기록하기 위해 이 비석을 세웠습니다. 그러나 세조 때 완성을 보지 못하고 성종 때가 돼서야 완성이 되었지요.

비석 정면에는 '대원각사지비大圓覺寺之碑'라는 비석의 이름이 새겨져 있는데, 조선 시대 문신으로, 많은 글을 남긴 강희맹의 글씨라고 합니다. 그리고 비석을 설명하는 데는 김수온, 성임, 서거정, 정난종 등 조선 초기 내로라하는 문장가들이 비문을 짓고 썼다고 합니다. 지금은 심하게 닳아져서 알아보기 힘들 정도입니다. 하지만 그 내용이 《속동문선》이라는 책에 실려 있습니다.

비석은 돌 거북 위에 몸돌을 올린 형태로 되어 있는데, 머릿돌은 따로 올리지 않고 연꽃 봉오리 모양의 장식을 두 마리 용이 감싸는 모습으로 조각해 놓았습

대원각사비
원각사의 내력과 원각사지 십층석탑을 세운 과정을 기록한 비석이다.

니다. 돌 거북은 비석의 무게를 받치고 있어서 그런지 전체적으로 부피가 크고 무겁게 보입니다. 등은 일반적으로 거북의 등을 표현하는 육각형 모양이 아니라 사다리꼴 모양에 빗살무늬같이 새겨져 있습니다. 꼬리가 세 개인 것이 눈에 띄며, 다리와 함께 물고기 비늘처럼 조각해 놓은 것 또한 눈여겨볼 만합니다.

역사 속으로

우리나라 비석은 어떻게 생겼을까요?

우리나라 비석은 보통 받침돌과 몸체, 머리 장식물로 되어 있습니다. 비석의 받침돌은 대부분 거북 형상을 하고 있는데, 거북 받침이라는 뜻으로 귀부라고 합니다. 비석 머리에는 용이 장식되어 있기도 한데, 이는 이수라고 합니다. 귀부와 이수는 삼국 시대부터 쓰이기 시작한 비석의 장식 형태이지요.

그런데 왜 많은 동물 중에 거북이와 용이 장식되었을까요? 거북은 오래 살고 운수가 좋다는 의미가 있다고 합니다. 용은 사후 세계를 지켜준다는 의미가 있으며, 자손들이 번성과 풍요를 기원하기 위해 제사를 드리는 대상이기도 합니다. 따라서 비석의 거북이와 용 장식에는 조상들이 죽은 다음에도 오랫동안 복을 받고 평안하기를 바라는 자손들의 염원이 담겨 있습니다.

조계사

종로구

주소 서울시 종로구 우정국로 55 (견지동 46-1)
주요문화재 백송, 대웅전, 후불탱화, 목석가불좌상

으레 절이라고 하면 높은 산 중턱에 있을 것이라는 생각이 들지요? 하지만 시내 한복판에도 많은 절이 있으며, 그중 서울의 가장 중심 지역인 종로구에 가장 큰 도량을 갖고 있는 조계사가 있습니다.

조계사는 원래 1395년(태조 4)에 세워졌던 절로, 지금은 우리나라 조계종의 중심 사찰입니다. 전국의 모든 스님이 이곳에 모여 회의도 하고, 갖가지 불교 행사도 성대하게 열리지요. 또 많은 사람이 거의 날마다 찾아와 기도도 하고 법회를 열기도 합니다.

조계사

우리나라 조계종의 중심 사찰로 갖가지 불교 행사가 열린다. 500년이 넘은 백송나무가 천연기념물 4호로 지정되어 있다.

조계사의 실제적인 창건은 각황사에서 비롯되었습니다. 1910년 일제가 우리나라를 빼앗았을 때 이곳에서 만해 한용운 선생이 머무르며 각황사라고 불렀습니다. 그러다가 1937년 각황사를 현재의 조계사로 옮기는 작업을 시작, 다음 해 삼각산에 있던 태고사를 이전하는 형식으로 절의 이름을 태고사로 불렀습니다. 그리고 해방 후 1945년부터 조계사로 이름이 바뀌었지요.

그럼, 조계사 안으로 들어가 볼까요? 불교용품을 파는 상점 사이에 난 작은 골목길을 따라가면 넓은 마당이 보이고 거대하고 화려한 조계사의 대웅전이 나타납니다. 대웅전은 높은 기단 위에 세워졌고, 정면 7칸, 측면 4칸의 단층 팔작지붕입니다. 벽에 있는 모든 문은 꽃 모양으로 조각하고 색칠한 문살로 되어 매우 독특하고 정교한 느낌을 줍니다.

대웅전 안에는 석가모니와 그를 도와 주변을 살피는 여러 신들의 모습을 그린 후불탱화가 있습니다. 그리고 1938년 도갑사에서 옮겨와 대웅전 본존불로 모시고 있는 목석가불좌상이 있습니다. 앞마당에는 탑이 하나 세워져 있는데, 이 탑은 부처님의 진신 사리(큰 뜻을 품고 도를 닦던 사람이 죽은 후 그 몸에서 나오는 것)를 모셔 놓은 사리탑입니다.

이 밖에도 조계사의 모습을 더 돋보이게 하는 것이 있습니다. 천연 기념물 4호로 지정되어 있는 500년이 넘은 백송나무입니다. 높이 14미터, 뿌리 부분 둘레 1.85미터로, 웅장한 모습은 한결같은 부처의 마음과도 같습니다. 그리고 또 한 가지, 부처의 음성과도 같은 범종의 소리입니다. 조계사의 범종은 언제 만들어졌는지 알 수 없는 신비로움으로 가득 차 있고, 그 울려 퍼지는 소리는 조계사에 들어선 사람들의 머리를 맑게 씻어 준답니다.

흥인지문

종로구 주소 서울시 종로구 종로 288 (종로6가 69)

　우리가 흔히 동대문이라 부르는 문이 바로 흥인지문입니다. 흥인지문은 서울 성곽의 동쪽에 있는데 이름에 동쪽이라는 의미가 들어 있습니다. 기록에 따르면, 흥인지문은 창건한 지 50여 년이 지나 문종과 단종 때에 일부를 보수했고 그 후 400여 년이 지난 고종 때에 새로 지었다고 합니다.

　흥인지문은 정면 다섯 칸, 옆면 두 칸 규모의 2층 건물로, 앞에서 볼 때 사다리꼴 모양의 지붕을 하고 있습니다. 지붕 처마를

받치기 위해 만든 장식적인 공포가 기둥 위뿐만 아니라 기둥 사이에도 있는 다포 양식이지요. 조선 후기 쇠퇴한 문화의 산물이어선지 어수선한 장식이 많고, 솜씨가 뒤떨어진 부분이 곳곳에 엿보입니다.

바깥에는 성문을 보호하고 튼튼히 지키기 위해 옹성을 쌓았습니다. 옹성은 밖에서 성문이 보이지 않게 성문을 둘러쌓은 작은 성으로, 적을 방어하고 공격하는 데 편리한 이점을 살린 시설이라고 할 수 있습니다.

그러나 오늘날 홍인지문 주변의 성벽은 일제가 도시계획이라는 명분으로 동대문 북쪽과 남쪽의 성벽을 철거해서 원래의 모습을 찾아볼 수 없습니다.

역사 속으로

나라에 큰일이 생기면 기울어지는 흥인지문

옛날이야기에 따르면, 나라에 큰일이 있을 때마다 흥인지문은 어느 한쪽으로 기울어졌다고 합니다. 그중 조선의 6대 임금인 단종과 관련된 이야기입니다.

단종이 그의 숙부인 수양대군에 의해 왕위에서 쫓겨나 강원도 영월로 귀양을 갔을 때였지요. 단종의 부인인 송 씨는 동대문 밖에 있는 한 암자에 살면서 단종이 무사하기를 기원하는 일로 하루하루를 보내고 있었습니다. 그런 부인의 마음을 가엽게 여긴 주변 아낙들은 자신들이 기른 푸성귀를 가져다주기도 했는데, 이것이 계기가 되어 흥인지문 주변으로 장이 서게 되었다고 합니다.

어느 날 송 씨가 불공을 드리고 있는데, 송 씨를 모시던 상궁이 급히 뛰어와 말했습니다.

"마마, 기이한 일이 생겼습니다. 흥인지문이 한쪽으로 기울고 있다고 합니다."

"뭐라고?"

송 씨는 가슴이 철렁 내려 앉았습니다.

흥인지문은 동남쪽 방향으로 기울어졌는데, 바로 단종이 있는 영월을 가리키고 있었던 것입니다. 송 씨와 그를 모시던 상궁들은 일제히 울음을 터뜨렸습니다. 단종에게 분명 좋지 않은 일이 생길 거라 여겼던 것입니다. 이 일이 생긴 지 얼마 지나지 않아 단종은 사약을 받게 되었습니다. 단종의 죽음을 흥인지문도 알고 슬퍼했던 것일까요?

동묘

종로구 주소 서울시 종로구 숭인동 238-1

하마비
동묘 입구에 세워진 비석으로, '신을 모신 곳이므로 들어올 때는 누구든지 타고 온 말에서 내리라'라는 글이 적혀 있다.

《삼국지》의 관우 장군을 아시나요? 중국 촉한의 유명한 장수인 관우는 유비, 장비와 도원결의로 의형제를 맺은 인물로 잘 알려져 있습니다. 그는 충성과 의리를 상징하는 인물이기도 합니다. 그래서 중국 일대에서는 관우를 하나의 신으로 여기고 그를 기리는 관제묘를 세우기도 했습니다. 일반 서민들도 그가 재물운을 가져다준다고 여기기도 해서 그를 기리는 사당을 많이 지었습니다. 관우는 살아서는 용맹하고 의리 있는 장수로, 죽어서는 신으로 남게 되었습니다.

그런데 이 관우의 사당이 우리나라 한복판에 있다는 사실을 알고 있나요? 바로 서울 종로에 있는 동묘랍니다. 원래 명칭은 동관왕묘東關王廟이지요. 동묘가 지어진 이유는 임진왜란과 관계가 있습니다. 임진왜란 당시 조선은 명나라와 협공해 왜군을 물리칠 수 있었는데, 명나라 임금 신종神宗은 관우의 신령이 도와준 것으로 생각했지요. 그는 이를 기리기 위해 직접 쓴 현판을 보냈습니다. 그래서 조선에서는 1599년

(선조 32) 동묘를 짓기 시작해 2년 뒤에 완공했습니다.

　동묘의 건물 형태는 앞면 5칸, 옆면 6칸, T자형의 지붕이며, 앞뒤로 긴 직사각형 모양입니다. 건물 안에는 관우의 목조상과 관평, 주창 등 네 명의 상이 모셔져 있습니다. 또한 중국의 위인이고 명나라의 지원 때문인지 화려한 장식이 돋보이는 건물 안쪽은 전체적으로 중국의 영향을 받아 우리나라의 건축물과는 좀 다른 느낌이 듭니다.

역사 속으로

관우의 특별한 보물

　의리의 장수 관우에게는 그 주인을 닮은 두 가지 보물이 있었습니다. 하루에 천리를 달린다는 '적토마'와 관우의 용맹을 빛나게 하는 무기인 '청룡언월도'이지요. 관우가 두 보물을 얻는 데 재미있는 일화가 있습니다.

　먼저 '적토마'에 대해 알아볼까요? 사실 적토마는 처음부터 관우의 말이 아니었습니다. 원래는 동탁이라는 장수의 말이었는데, 여포를 거쳐 조조에게까지 오게 되었지요. 그리고 조조는 관우를 자기 부하로 만들고 싶어서 마침 자신의 관할지에 머무는 관우에게 많은 선물과 적토마를 선물했습니다. 하지만 관우는 의형제인 유비를 찾아가기 위해 적토마만 받고 전쟁터를 누볐습니다.

관우상

중국의 관우 사당인 관림에 모셔진 상이다. 중국인들에게 관우는 장수에서 재신으로 신격화되었다. 그래서 거의 모든 중국의 가정에서는 관우의 상을 모신다고 한다.

　그 후로 오랫동안 관우와 적토마는 깊은 정을 나누었습니다. 하지만 관우가 마충에게 죽임을 당한 후 적토마의 주인도 바뀌게 되지요. 그런데 적토마 역시 먹는 것을 거부하고 관우를 따라 죽었다고 합니다. 적토마는 주인만큼 충직한 말이었지요?

　'청룡언월도'는 몸집이 큰 관우만큼이나 크고 무거운 칼입니다. 반달 모양을 한 82근짜리(약 45킬로그램) 칼로, 그의 부하 세 명이 들어야 옮길 수 있는 무게였다고 합니다.

　마음에 드는 무기를 손에 넣기 위해서 관우는 장인에게 부탁해서 두 달에 걸쳐 강철을 담금질해서 겨우 칼을 만들었다고 합니다. 하지만 관우가 만족하지 않아 담금질을 한 달이나 더하게 되었지요. 그러던 어느 날, 칼에서 하늘을 향해 한줄기 빛이 솟아올랐습니다. 그런데 마침 하늘에서 한 마리 청룡이 내려와 빛을 맞고 죽어 버렸습니다. 청룡의 피가 칼끝에 방울방울 떨어지고 우레와 같은 소리가 나 사람들은 놀라서 도망쳤습니다.

　그때 관우가 다가가서 보니 맑고 투명해서 마치 보석 같은 칼이 땅 위에 세워져 있었고, 결국 관우가 그 칼의 주인이 되었습니다. 반달을 닮았고, 청룡의 피로 담금질해서 완성된 것이라고 해서, '청룡언월도'라는 이름이 붙여졌다고 합니다.

종묘

종로구

주소 서울시 종로구 종로 157 (훈정동 1-2)
주요문화재 정전, 영녕전 등판 등

옛날 중국 우虞나라에서부터 한 나라의 왕조가 시작되면 정통성을 알리기 위해 자신의 조상을 모시고 제사를 지내는 사당을 지었습니다. 이것을 종묘라고 하는데, 우리나라도 조선 태조 때 처음 만들어졌지요. 그래서 종묘는 조선 역대 왕과 왕비의 신주(죽은 사람의 이름과 관직 등을 기록해 놓은 작은 나무판)가 모셔져 있습니다. 종묘에는 여러 사당과 건물이 있는데, 크게 정전, 영녕전, 그리고 공신당이 있습니다.

종묘를 대표하는 건물인 정전은 나라를 크게 일으킨 왕과 왕후의 신주를 모신 곳입니다. 그리고 공신당을 두어 나라를 위해 큰일을 한 신하들의 신주도 모셔 놓았습니다. 19실로 되어 있

종묘
조선 역대 왕과 왕비, 신하들의 신주가 모셔져 있다.

영녕전

1421년(세종 3)에 정종의 신주를 종묘에 모실 때 지은 건물로, 태조의 4대조와 정전에 모시지 못한 왕과 왕비의 신위를 옮겨모셨다.

는 이곳은 첫 번째 칸에 태조의 신위가 모셔져 있고, 동쪽으로 차례로 태종(3대), 세종(4대), 세조(7대), 성종(9대), 중종(11대), 선조(14대), 인조(16대), 효종(17대), 현종(18대), 숙종(19대), 영조(21대), 정조(22대), 순조(23대), 문조(추존), 헌종(24대), 철종(25대), 고종(26대), 순종(27대)과 각 왕의 비妃를 합쳐 모두 49위의 신위(신주를 모셔 두는 자리)가 모셔져 있습니다.

종묘의 별묘別廟라고 할 수 있는 영녕전은 빨리 죽었다든지, 추존(왕위에 오르지 못하고 죽은 이에게 임금의 칭호를 주던 일)되었다든지 또는 왕위를 박탈당했다가 나중에 복권되었다든지 등의 이유로 정전에 모시지 못한 왕과 왕비의 신위를 모셨습니다. 태조의 4대 선조인 목조, 익조, 도조, 환조부터 시작해 정종(2대), 문종(5대), 단종(6대), 덕종(추존), 예종(8대), 인종(12대), 명종(13대), 원종(추존), 경종(20대), 진종(추존), 장조(추존), 영왕英王과 각 왕의 비를 합쳐 모두 34위의 신위가 16실에 모셔져 있습니다. 영녕전 제례는 정전보다 한 단계 낮게 행해졌고, 정전에 있는 공신당과 칠사당이 영녕전에는 없습니다.

공신당은 역대 조선 왕들이 정사를 돌보는 데 특별한 공로를 세운 신하들의 신위를 모셔 놓은 건물입니다. 정전이 증축될 때마다 동쪽 방향으로 자리를 옮겼으며 현재 83위가 모셔져 있습니다. 조선 역대 왕과 태조 이성계의 선조의 신주까지 있지만 왕위에서 쫓겨난 연산군과 광해군의 신주는 이곳에 없습니다.

역사 속으로

종묘제례악

조선 시대에는 해마다 여러 차례 제사를 지냈는데, 그때 연주하는 음악을 종묘제례악이라 합니다. 종묘제례악은 악장이라는 노래와 함께 악기가 연주되며, 대부분 조선의 역대 왕들의 업적을 칭송하는 내용입니다. 악기는 크게 두드려서 소리를 내는 타악기와 손으로 연결하는 가락악기로 구성되어 있습니다. 악기 대부분이 나무나 돌 등 자연에서 얻은 재료로 만들어져 차분하고 따뜻한 여운을 남깁니다. 제례악 가운데 보태평 11곡과 정대업 11곡은 1446년에 세종이 국가의 태평성대를 바라는 마음으로 직접 지었으며, 그 후 세조가 고쳐 만든 곡입니다. 현재 국가에서 지정한 중요무형문화재 1호입니다.

종로구

북한산 구기리 마애석가여래좌상

주소 서울시 종로구 구기동 산 2

    북한산에는 진흥왕 순수비를 비롯해 많은 문화재가 있습니다. 그 가운데 북한산 중턱에 있는 마애석가여래좌상도 빼놓을 수 없습니다. 이 불상은 승가사라는 절 뒤편에 솟은 바위 면에 새겨진 거대한 마애불상입니다. 승가사는 756년(통일신라 경덕왕 15)에 수태 대사가 창건한 절이지요.

    불상이 모자를 쓰고 있다면 좀 우스워 보이지 않을까요? 북한산 구기리 마애석가여래좌상은 연꽃 위에 앉아 있는 모습이며, 머리 위에는 8각의 돌이 끼워져 마치 모자를 쓰고 있는 것처럼 보입니다. 하지만 얼굴이 매우 강해 익살스럽기보다는 위엄 있게 보이지요. 볼이 약간 두툼하게 표현되어서 그런지 다부진 인상을 줍니다. 불상의 머리 위쪽과 어깨 좌우에는 구멍이 뚫려 있어 나무로 된 조그만 방이 있었던 것으로 짐작되지요.

    불상이 만들어진 시기는 얼굴의 느낌이 강하고 규모가 매우 큰 것으로 보아 고려 초기의 것으로 추정됩니다. 고려 시대의 문화재 가운데 보존 상태가 좋아 자세히 관찰할 수 있습니다.

서울 사직단

종로구

주소 서울시 종로구 사직로 89 (사직동 1-28)
주요문화재 서울 사직단 정문

사직단 현판

흔히 '종묘사직'이라고 하는 말은 '종묘'와 '사직'을 합친 말로, 왕실과 조정을 의미합니다. 종묘가 어떤 곳인지는 앞에서 알아보았지요? 사직은 토지의 신과 곡식의 신에게 왕이 나라와 백성들의 안녕을 빌고, 풍년을 기원하며 제사를 지내던 사직단을 말합니다. 제사는 2월과 8월 그리고 동지와 섣달그믐에 지냈지요. 또한 나라에 큰일이 있을 때나, 가뭄에 비를 기원하는 기우제, 풍년을 비는 기곡제들도 이곳에서 지냈습니다. 태조 이성계는 한양에 경복궁을 세우고, 그 오른쪽에는 종묘를,

사직단 정문

앞면 3칸, 옆면 2칸, 맞배지붕으로 소박하지만 튼튼한 구조를 갖추었다. 보물 177호로 지정받았다.

왼쪽에는 사직단을 설치했습니다. 그래서 사직단은 종묘와 함께 성스럽게 여겨졌지요.

일제강점기 때 조선을 상징하는 의미를 지니는 곳이라서 그랬는지 일본은 우리나라의 사직을 끊고 우리 민족을 업신여기기 위해 사직단의 격을 낮추고 공원으로 삼았습니다. 현재 사직공원이라고 불리는 곳은 바로 옛 사직단의 자리입니다. 지금은 서울 사직단의 정문만이 그 옛날 조선의 영광을 지키고 있습니다. 사직단 정문은 태조 때 사직단을 지을 때 함께 지어진 것으로, 임진왜란 때 화재로 없어졌지만, 그 후 숙종 때 다시 지어진 것입니다.

사직단 입구

사직단에 들어가는 입구에는 돌길이 놓여 있다. 이 돌길을 따라 걸어가 원형 돌기둥 안으로 들어가면 사직단이 나온다.

경복궁

종로구

주소 서울시 종로구 사직로 161 (세종로 1-1)
주요문화재 강녕전, 홍례문, 자경전, 향원정, 경회루 등

    조선 시대 궁궐은 어떻게 생겼을까요? 텔레비전이나 사진을 통해 조선 시대 궁궐을 한 번쯤은 보았겠지만 직접 가서 보면 그 웅장함에 놀랄 것입니다. 조선 시대의 궁궐은 여러 곳이 있지요. 그중 경복궁은 조선 왕조를 대표하는 제일의 궁궐입니다.

    조선을 세운 태조 이성계는 도읍을 한양으로 정하면서 경복궁을 지었습니다. 북악산을 뒤로 해서 북서 방향으로 등지고 남동 방향을 바라보는 곳이었지요. 명칭은 《시경》의 <군자만년 개이경복君子萬年 介爾景福>에서 따왔는데, 왕과 그 자손이 만년토록 복을 누린다는 의미입니다.

그러나 1592년(선조 25) 임진왜란 때 경복궁은 당시 왜군들에 의해 완전히 불타 버렸습니다. 그 후 273년 동안 재건하지 못하다가 고종 때 흥선대원군이 주도해 가장 큰 규모로 복원했지요. 경복궁 복원이 조선 왕조의 위엄을 나타내는 것이라 여겼기 때문입니다. 하지만 1895년(고종 32) 경복궁에서 명성황후가 일본인 자객에 의해 시해당하자, 다음 해 고종이 러시아 공사관으로 피신하면서 궁궐로서 기능을 잃었습니다.

경복궁은 과거로 거슬러 올라간 기분이 드는 곳입니다. 근정전, 교태전, 경회루, 자경전 등 과거의 자취를 느낄 수 있는 건물이 아주 많기 때문입니다.

용상

근정전 안에 있는 왕이 앉던 자리이다.

근정전은 조선 초기부터 역대 왕의 즉위식이나 큰 행사 등을 치르던 곳입니다. 현재의 근정전은 흥선대원군이 새로 지은 다포 양식의 건물로, 현존하는 최대의 목조 건물입니다. 전체적으로 지나치게 꾸민 듯한 느낌이 있기는 하지만, 대표적인 궁궐로서 상징하는 바가 크며 조선 후기의 건축 기술을 고스란히 모아 놓은 중요한 건축물입니다.

왕비가 잠을 자던 교태전은 중앙에는 대청을, 좌우에는 온돌방을 두었습니다. 일제강점기 때 철거되어 창덕궁의 대조전을 짓는 데 쓰였습니다. 지금 건물은 1994년에 다시 세운 것이지요. 교태전 뒤뜰에는 조형미가 뛰어난 '아미산 굴뚝'이 있습니다. 아미산은 교태전 뒤에 나지막하게 있는데, 왕비가 휴식을 취하도록 일부러 만들어 놓은 동산입니다. 이 아미산과 교태전의 구들과 연결된 굴뚝이 아미산 굴뚝입니다. 단지 연기를 빼내기

경회루
연회를 베풀거나 외국 사신을 접대하던 곳이다.

위해 만든 굴뚝이지만 궁궐에서 만들다 보니 장식이 많고 정원과 어우러져 매우 아름답습니다. 그래서 보물 811호로 지정, 보호되고 있습니다.

경회루는 조선 시대에 나라의 경사가 있을 때 연회를 베풀던 곳입니다. 원래의 경회루는 경복궁을 세울 당시 서쪽 습지에 연못을 파고 세운 작은 누각(사방을 바라볼 수 있도록 문과 벽이 없이 다락처럼 높이 지은 집)이었는데, 1412년(태종 12)에 연못을 넓히고 건물도 다시 크게 지은 것입니다. 우리나라에서 가장 규모가 큰 누각이지요. 임진왜란 때 불타 고종 때 다시 지을 때는 옛날처럼 돌기둥에 용을 조각하지는 못했습니다. 물 위에 지었지만 튼튼하고, 왕실의 연회 장소에 맞게 꾸며져 높게 평가할 만합니다.

교태전 동쪽에 자리 잡고 있는 자경전은 대비가 주로 사용하던 곳입니다. 현재의 자경전은 경복궁을 다시 지으면서 1888년(고종 25)에 자미당 터에 조대비를 위해 지은 것입니다. 현존하는 왕실의 침전(잠을 자는 곳) 가운데 옛 모습을 간직한 유일한 건물입니다. 한편 자경전 뒤꼍에는 보물 810호 십장생 굴뚝이 있습니다. 장수와 부귀를 뜻하는 십장생을 장식해 궁궐이 풍성하고 오래가기를 기원했다고 합니다.

  향원정은 향기가 멀리 퍼져나간다는 뜻으로 연못 한가운데의 네모난 기단에 세워진 육각형의 2층 정자이다. 주위가 아늑하고 아담한 분위기를 풍겨 왕실 사람들만이 이곳에 올라 휴식을 취했다고 한다. 1층에는 평범한 툇마루를 두었으나 2층에는 닭다리 모양의 난간을 두른 툇마루를 두었으며 각 칸마다 아름다운 나무 창살을 달아 장식했다. 장엄한 경회루가 남성적인 느낌이라면 매우 아름다운 향원정 주변은 여성적인 느낌이라고 할 수 있다.

향원정
향기가 멀리 퍼져 나간다는 뜻이 담겨 있으며, 왕실 사람들의 전용 휴식 공간이었다.

창덕궁

종로구 주소 서울시 종로구 율곡로 99 (와룡동 2-71)

경복궁을 지은 태조의 뒤를 이은 2대 임금 정종은 개성에 머물기를 원했습니다. 그래서 고려 왕조의 숨결이 남아 있는 개성으로 도읍지를 옮겼습니다. 그러나 3대 임금 태종은 한양으로 다시 돌아오고 싶었지요. 왕이 된 지 5년 후에 태종은 경복궁이 아닌 또 다른 궁궐을 새로 지었습니다. 도성 북쪽에 위치한 이 궁궐이 바로 창덕궁입니다. 동쪽에 있는 창경궁과 함께 '동궐東闕'이라고도 불립니다. 1412년(태종 12)에 돈화문을 세우고 많은 건물들을 지어서 궁궐의 모습을 갖추었지요.

> **인정정**
> 창덕궁의 중심 건물로 나라의 공식 행사를 치르던 곳이다.

　임진왜란 때 경복궁, 창경궁과 함께 불타는 등 많은 재앙을 입었지만 가장 빠르게 복구가 되어 현재 남아 있는 궁궐 중에서 가장 보존이 잘 되어 있습니다. 창덕궁은 고종이 경복궁을 다시 짓기까지 정궁(임금이 항상 머물면서 나라를 다스렸던 궁궐)의 역할을 했습니다. 그래서 조선의 궁궐 중 가장 오랫동안 임금이 머물렀던 궁궐이 되었지요.

　창덕궁은 일직선으로 정렬된 경복궁과는 달리 건물들이 산자락을 따라 자연스럽게 여러 개의 축으로 이루어져 골짜기에 포근히 자리 잡도록 배치되어 있습니다. 자연과 조화롭게 배치한 주변 건물들은 창덕궁을 더욱 운치 있게 만들어 주지요.

　우리나라에서 으뜸가는 정원인 금원은 창덕궁 뒤쪽에 있는 거대한 규모의 왕실 후원으로, 비원이라고도 불립니다. 일반 백성들이 접근할 수 없는 비밀의 정원인 셈입니다. 왕은 이곳에 머물

금원
비원이라고도 불리는 왕실의 비밀 정원이다.

면서 학문을 수양하고 사냥이나 무술도 닦았다고 합니다. 부용정, 애련정, 관람정, 옥류천 부근을 따라 돌면 금원의 아름다움을 제대로 감상할 수 있습니다.

낙선재는 창덕궁의 동남 방향으로 창경궁으로 이어지는 부근에 자리 잡고 있습니다. 국상(왕실의 초상)을 당한 후궁들이 거처하기 위해 세워진 것으로, 여성들의 공간이라고 볼 수 있습니다. 상중에 머무는 곳이라 단청도 하지 않아 언뜻 보면 일반 한옥 같습니다. 사치스러운 것을 경계하느라 그랬다고 합니다. 건물 뒤에는 비탈진 곳을 이용해 계단식으로 화단을 만들어 놓았고, 석물이나 굴뚝은 다른 곳에 비해 단조로운 편입니다.

인정전에 이르는 출입문 인정문은 1405년(태종 5) 창덕궁을 세울 때 다른 전각들과 함께 지어졌습니다. 이 문은 여러 차례의 화재로 인해 광해군, 영조, 순조 이렇게 세 번이나 다시 지었습니다. 그뿐만 아니라 일제강점기 때는 일본식으로 변형이 되어 1988년에야 본래의 형태로 복구했습니다. 효종·현종·숙종·영조 등 조선 왕조의 여러 임금이 이 문에서 즉위식을 치르고 왕위에 올랐습니다. 이 문을 통과해야만 왕위에 오를 수 있었으니, 문이라지만 위엄이 서려 있겠지요?

창덕궁의 중심 건물 인정전은 왕이 외국의 사신을 맞아들이고, 새해가 되면 신하들로부터 인사를 받는 등 공식적인 국가 행사를 치르던 곳입니다. 그래서 인정전은 경복궁의 근정전, 창경궁의 명정전, 덕수궁의 중화전과 함께 조선 왕조 궁궐의 중심 건물로서 그 역할이 컸다는 것을 알 수 있습니다.

낙선재 여성들의 공간으로 국상을 당한 후궁들이 거처했다.

인정문 인정전의 이르는 출입문으로, 이곳에서 왕의 즉위식이 치러졌다.

회정당 조선 후기 왕과 신하가 일상적인 업무를 의논하던 곳이다.

돈화문 현존하는 궁궐의 문 가운데 가장 오래되었으며 창건 당시에는 2층 문루에 큰북이 걸려 있었다.

대조전 왕과 왕비가 살았던 내전으로 한말 서양식 가구를 갖춘 내실의 모습이 남아 있다.

   희정당은 원래 창덕궁의 내전에 속한 건물이었으나 조선 후기에 들어 임금이 신하와 일상 업무를 논하던 편전으로 사용되었습니다. 건물이 세워진 연대는 확실하지 않으며, 여러 차례 불에 탔다가 재건되면서 규모도 달라지고 용도도 변했지요. 1496년 (연산군 2) 궁내의 숭문당 건물이 없어져 버렸다가 다시 세워지면서 당호가 희정당으로 바뀐 후 창덕궁의 한 건물로 되었습니다. 대한제국 시대에는 왕의 집무실과 외국 사신 등을 접대하는 곳으로 사용하면서 한식과 서양식이 혼합되었습니다.

   창덕궁의 정문 돈화문은 궁궐의 정문 가운데 유일하게 정면이 5칸 규모입니다. 1412년(태종 12)에 세워졌으며, 창건 당시에는 2층 문루(궁문, 성문 따위의 바깥문 위에 지은 다락집)에 큰북을 걸고 아침저녁으로 북을 쳐 시간을 알렸다고 합니다. 임진왜란 때 불탄 것을 1607년(선조 40)에 재건하기 시작해 1609년(광해군 원년)에 완공했으며, 이때의 모습이 현재까지 남아 있습니다. 따라서 돈화문은 현존하는 궁궐의 정문으로는 가장 오래된 문입니다.

대조전은 조선 시대 왕과 왕비가 살았던 내전 중에서 가장 으뜸가는 건물입니다. 이곳에서 조선 9대 임금 성종을 비롯해 인조·효종이 죽었고, 순조의 세자로 뒤에 왕으로 추존된 익종이 태어나기도 했습니다. 건물이 지어진 연대는 확실치 않지만 1496년(연산군 2)에 다시 손대어 고쳤다는 기록이 있습니다. 1917년에 불에 탄 것을 경복궁에 있던 교태전을 헐고 목재를 가져와 1920년 완공해 오늘에 이르고 있습니다. 한말 서양식 가구를 갖춘 내실의 모습이 남아 있습니다.

선정전은 평상시 왕이 신하와 일상 업무를 논하던 집무실이지만 왕비가 가끔 이용하기도 했습니다. 성종 때는 왕비가 노인들에게 잔치를 열어 주거나 누에를 치는 행사도 했습니다. 창덕궁에 남아 있는 건물 가운데 유일하게 청기와를 얹었습니다. 순조 때에 이르러 그 옆의 희정당이 편전으로 사용되면서 기능이 약화되었습니다.

자연과의 조화를 우선시하는 창덕궁은 우리 문화의 특성을 잘 표현하고 있어 비원과 함께 1997년 유네스코 세계문화유산으로 등록되었습니다.

창경궁

종로구

주소 서울시 종로구 창경궁로 185 창경궁 (와룡동 2-1)
주요문화재 홍화문, 명정전, 통명전, 춘당지 등

창경궁을 아직도 창경원으로 부르는 사람이 있을까요? 창경궁은 원래 조선의 궁궐을 의미합니다. 그런데 일제가 우리의 궁을 자기 마음대로 격을 낮춰 창경원으로 바꿔 부른 것이지요.

창경궁은 성종이 세 분의 대비인 세조비 정희왕후, 예종비 안순왕후, 덕종비 소혜왕후를 모시기 위해 지었습니다. 본래는 태종이 나이 들어 임금 자리에서 물러나 있을 때 머물던 수강궁 터였지요. 창덕궁 옆에서 창덕궁을 보완하는 궁이기도 했지만 경복궁이 불에 타자 이곳에서도 왕들이 나랏일을 보고 머물기도 했습니다. 지형을 훼손하지 않고 필요한 곳에만 건물을 짓고 정원을 꾸며 창덕궁처럼 자연과 조화를 이룬 배치가 돋보입니다.

> **명정문과 옥천교**
> 명정문은 창경궁의 명정전으로 들어가는 문이며, 옥천교는 정문인 홍화문과 명정문을 연결하는 건널목이다.

화재로 인해 여러 차례 다시 세웠지만 고종 때까지 창경궁은 본래의 모습을 유지했다고 합니다. 하지만 일본이 개조하면서 건물이 원래의 모습을 많이 잃어버렸습니다. 그래도 다른 궁궐에 비해 제대로 보존된 건축물이 많아 조선 시대 궁궐의 역사를 살피는 데 없어서는 안 될 소중한 유적입니다.

명정전은 창경궁의 정전(왕이 주로 머물면서 나랏일을 돌보던 곳)으로, 신하들이 왕에게 새해 인사를 드리거나 국가의 큰 행사를 치르기도 하고, 외국 사신들을 맞이하기도 한 곳입니다. 경복궁이나 창덕궁의 정전에 비해 작은 규모이지만 조선 시대 궁궐 가운데 가장 오래된 건물이지요.

다른 궁궐의 정전이 모두 남쪽으로 지어졌는데, 이곳만은 배산임수의 풍수지리적인 이유로 동쪽을 향하고 있습니다. 광해군 때 다시 지어졌으며, 그 형태가 힘차고 짜임새가 단단하게 잡혀 있습니다.

통명전은 왕이 나랏일을 떠나 생활하는 공간인 내전입니다. 침실로 쓰기도 하고, 때로는 잔치를 열기도 했던 건물입니다. 왕의 휴식 공간이기 때문에 궁궐 안 가장 깊숙한 곳에 자리 잡았습니다. 동쪽에 있는 왕비의 침전인 환경전과 함께 햇볕이 잘 드는 남쪽으로 자리 잡고 있습니다. 여러 차례의 화재로 지금의 건물은 1834년(순조 34) 창경궁의 전각 대부분을 재건할 때 지은 것입니다. 창경궁의 내전 건물 중 규모가 크고 화려해 내진을 대표하기도 합니다.

창경궁의 정문 홍화문은 동쪽을 향하고 있습니다. 아래에는

다른 문처럼 돌을 쌓아 올리지 않아 바로 1층 문루로 출입하게 되어 있습니다. 이 문은 명정전, 명정문과 함께 광해군 때 다시 지어진 건물로 알려져 있습니다. 지금은 문의 좌우로 궁궐 담장이 이어져 있지만, 원래는 문의 남·북으로 19칸 길이의 행각이 동서로 있었다고 전합니다.

통명전
왕이 생활하는 내전으로, 창경궁의 내전 건물 가운데 규모가 크고 화려해 내전을 대표하기도 한다.

역사 속으로

아픈 역사를 간직한 창경궁

창경궁은 다른 궁궐보다 더 많은 아픔을 간직한 궁궐입니다. 인현왕후를 독살하려던 장희빈이 살았던 곳이며, 사도세자가 뒤주에 갇혀 죽은 곳이기도 합니다. 그러나 무엇보다 창경궁의 아픈 역사는 일제의 만행에서 비롯됩니다.

일본은 우리나라를 침략하면서 여러 만행을 저질렀는데, 궁궐도 예외가 아니었습니다. 조선의 얼이 담긴 곳이 궁궐이라 여겼던 모양인지 궁궐을 들쑤셔 놓았습니다. 경복궁은 일부를 뜯거나 개조하고, 근정전 남쪽에는 조선총독부 청사를 건립했습니다. 경희궁은 거의 해체를 하다시피 해서 지금은 터만 남게 되었지요. 무엇보다 창경궁에 대한 만행은 우리의 아픈 역사를 되돌아보게 할 정도였습니다.

1907년 일본은 순종의 무료함을 달랜다는 이유로 창경궁에 박물관과 동물원, 식물원을 건설한다는 계획을 꾸몄습니다. 그리고 그다음 해에 창경궁을 헐기 시작했지요.

일본은 화려하고 웅장했던 창경궁의 전각과 행랑, 문루 등을 헐값으로 팔고, 심지어 초석과 댓돌은 묻어 버리거나 연못, 도랑을 만드는 데 썼습니다. 창경궁 안에 동물원을 만들고, 권농장이던 넓은 터전에 연못을 파고, 연못가에는 일본식 정자를 지었습니다. 그리고 그 뒤쪽에는 식물원을 짓고, 통명전 뒤의 언덕에는 일본식 건물을 세워 박물관 본관으로 삼았습니다. 심지어 창경궁을 창경원으로 바꿔 불렀습니다. 이처럼 일본은 우리 민족의 혼이 담긴 궁궐을 철저히 파괴했습니다. 우리나라의 문화재를 파괴하는 것이 우리 민족혼을 짓밟는 것으로 생각했던 것입니다. 하지만 우리 조상들은 일제의 억압 속에서도 굴하지 않았습니다. 그러므로 우리나라가 독립을 할 수 있었던 것이지요.

그 후 창경궁은 1984년 복원 사업이 시작되어 원래의 이름을 되찾게 되었고 그 안에 있던 놀이기구와 동물들은 모두 다른 곳으로 옮겨 갔습니다.

운현궁

종로구

주소 서울시 종로구 삼일대로 464 운현궁 (운니동 114-10)
주요문화재 노락당, 노안당, 이로당 등

    흥선대원군과 가장 관이 깊은 곳을 묻는다면 아마도 그가 살았던 집이라고 해야겠지요. 운현궁은 흥선대원군의 자택이자 고종이 임금이 되기 전 12세까지 살았던 집입니다. 이곳은 흥선대원군이 왕손이라 하지만 고종이 왕위에 오르기 전까지는 그저 조그마한 한옥에 불과했지요. 하지만 고종이 왕위에 오르면서 땅도 넓어지고, 건물들도 새로 더 들어서게 되었습니다. 그리고 왕이 머물렀던 곳이라 해서 궁이라는 이름이 붙게 되었지요. 서

> **노안당**
> 흥선대원군이 국정을 의논하던 곳이다.

노락당 운현궁에서 가장 크고 중심이 되는 건물로, 뒤로 양관이 보인다.

이로당
부대부인 민씨가 지내던 곳으로 구조가 밖에서 안으로 들어가기 어렵게 만들어져 안채에서만 드나들 수 있었다고 한다.

운관이 있는 앞의 고개라 해서 '운현雲峴'이라 불렸다고 합니다.

홍선대원군이 고종을 대신해서 나라를 다스리던 시절 이 운현궁의 권세는 하늘을 찌를 정도였습니다. 비록 처음부터 정식 궁궐은 아니었지만 궁궐에 견줄 만큼 웅장했지요. 하지만 운현궁은 일제강점기를 거치면서 규모가 크게 줄어들었습니다. 지금은 노안당, 노락당, 이로당의 세 건물과 부속 행랑채를 중수해서 그나마 운현궁의 체면을 살려주고 있습니다.

노안당은 정丁자형의 건물로 홍선대원군이 국정을 의논하던 곳입니다. 영화루라는 누마루가 있는데, 홍선대원군이 손님을 맞이하던 곳입니다. 노안당의 이름은 《논어》<공야장>편에 나오는 '노인들을 편안하게 해준다老者安之'에서 따왔다고 합니다. 홍선대원군이 숨을 거둔 곳이기도 합니다.

노락당은 규모도 크지만 운현궁에서 중심이 되는 건물입니다. 사대부가의 건축미를 느낄 수 있으며, 아름다운 창살 문양이 볼 만합니다. 이곳은 회갑이나 잔치 등 여러 가지 집안 행사를 치렀으며, 특히 고종과 명성황후 민 씨의 가례(왕의 결혼)가 있었던 곳으로 유명합니다.

이로당은 홍선대원군의 부인인 부대부인 민 씨가 거처하던 곳이라 밖에서 안으로 들어가기 어렵게 입구口자형으로 만든 건물입니다. 노락당과 복도로 연결되어 오로지 안채에서만 드나들 수 있었다고 합니다.

미친 사람 흉내를 낸 흥선대원군

흥선대원군(1820~1898)

왕족으로 태어났으면서도 세도정치로 인해 거짓으로 미친 사람처럼 지내야 했던 이하응! 그가 바로 흥선대원군입니다. 그는 왕의 친척이면서도 거리의 불량배들과 어울려 다니면서 '상갓집 개'라는 치욕적인 별명까지 얻을 정도로 행동했습니다. 그러나 그의 행동은 자기 아들을 왕위에 오르게 하려는 고도의 속임수였습니다. 그의 기이한 행동 때문에 당시의 세력가들은 아무런 두려움이나 의심 없이 그의 아들에게 왕위를 물려주었지요. 고종이 즉위하자 흥선대원군은 안동 김씨 세력을 몰아내고 개혁적인 정치를 펼쳤습니다. 흥선대원군이 주위를 속이며 술집을 드나들 때 일입니다. 어느날 옆자리에서 술을 마시고 있는 군금별장 이장렴과 싸움이 붙게 되었지요. 이장렴은 흥선대원군의 뺨을 때리며 호통을 쳤습니다. "한 나라의 종친이 되어서 외상술이나 먹어서 되겠느냐?" 그는 흥선대원군의 마음을 알지 못했던 것이지요. 훗날 고종이 즉위하고 흥선대원군이 권세를 잡았을 때 이장렴을 운현궁으로 부르고 물었습니다. "그대가 아직도 내 뺨을 때릴 수 있겠느냐?" 이에 이장렴은 당당하게 대답했습니다. "술집에 드나들 때처럼 행동한다면 그럴 수밖에 없습니다." 흥선대원군은 훌륭한 인재를 얻게 되었다며 술상을 차리게 했다고 합니다.

조선의 본궁이었던 경복궁을 기준으로 동쪽에 있는 창덕궁과

경희궁지

종로구

주소 서울시 종로구 새문안로 45 (신문로2가)
주요문화재 숭정전, 흥화문 등

창경궁을 동궐, 서쪽에 있는 경희궁을 서궐이라 했습니다. 경희궁의 원래 이름은 경덕궁이었습니다. 인조의 아버지인 원종이 살던 곳이었지요. 광해군 때 이곳에 왕이 나올 기운이 있다고 해서, 그 기운을 없애기 위해 궁궐을 짓게 되었다고 합니다. 그러나 인조반정으로 광해군은 이곳에 들어가 보지도 못한 채 왕의 자리에서 쫓겨나고 말았습니다.

경희궁으로 이름이 바뀐 것은 영조 때입니다. 고종 때까지 궁

숭정문

지형이 경사져 2층 계단을 만들고 그 위에 전각을 지었다. 이 건물에서 경종과 정조, 헌종이 즉위식을 치렀다.

궐의 구실을 했지만 일제가 침략하면서 거의 해체되어 버렸습니다.

경희궁에는 정전인 숭정전을 비롯해 편전인 자정전, 침전인 융복전, 회상전 등 100여 동의 전당이 있었다고 전해집니다. 그러나 숭정전은 조계사의 본당으로 사용되었고, 흥정당은 광운사로, 황학정은 사직단 뒤로 옮겨졌으며 흥화문은 박문사 북문에서 신라호텔 정문으로 사용되다가 경희궁으로 옮겨 왔습니다.

일본의 만행은 계속되었는데, 일본인들의 거주 지역을 경희궁 근처로 잡고, 1910년 일본인 자제를 교육하는 경성중학교(옛 서울중고등학교)를 경희궁 터에 세웠습니다. 높은 곳은 깎고 낮은 곳은 메워 버려 지형도 변형시켰지요. 이에 따라 경희궁은 갈기갈기 찢어 놓은 꼴이 되었습니다.

역사 속으로

두 발 달린 흥화문이라고요?

두 발이 달린 문이 있을까요? 나라 잃은 우리의 근대사를 따라 두 발이 달린 것처럼 자주 옮겨 다닌 문이 있습니다. 바로 흥화문이지요.

흥화문은 경희궁의 정문으로, 1618년(광해군 10) 경희궁이 세워지면서 같이 만들어졌습니다. 경희궁을 지키는 문이었지만 경희궁이 일제에 의해 해체되면서 이 문도 오갈 데 없는 신세가 되어버렸지요.

흥화문

경희궁 정문으로, 일제강점기 때 이곳저곳으로 돌아다니다 1988년 경희궁 복원 사업으로 제자리로 돌아왔다.

일제가 도로 공사를 한다면서 남쪽으로 옮겼다가 이토 히로부미를 추모하기 위해 지은 절인 박문사의 대문으로도 사용했습니다. 해방 후에는 신라호텔의 문으로 사용하다가 경희궁을 복원하려는 계획으로 다시 경희궁지로 돌아왔습니다. 이리저리 떠돌다 제자리로 돌아왔지만 원래 있었던 방향과는 다르게 세워지게 되었습니다.

지금은 주인 잃은 문으로 남아 있으니, 아무리 생명이 없는 문이라지만 파란만장하다고 아니하겠습니까?

안평대군 이용 집터

종로구 주소 서울시 종로구 부암동 319-3

몽유도원도
안견이 그린 산수화로 꿈속에서 여행한 복사꽃 마을을 비단에 채색해 묘사했다.

　주변 경치가 아름다운 계곡에 별장을 짓고 아무 걱정 없이 사는 무릉도원, 조선 시대 많은 선비들이 꿈꾸는 곳이었습니다. 풍류를 좋아했던 세종의 셋째 아들 안평대군도 마찬가지였습니다. 안평대군은 꿈에서조차 무릉도원에서 놀았던 것이 무척 인상적이었는지 안견에게 그림까지 그리게 했지요. 그 그림이 바로 '몽유도원도'입니다. 안평대군은 꿈에서뿐만 아니라 현실에서도 그런 곳을 만나 집을 지었으니, 바로 무계정사(2008년 8월 서울시 지정 문화재 명칭 변경에 따라 안평대군 이용 집터로 바뀜)입니다.

　하지만 안평대군은 꿈에서처럼 풍류나 즐기면서 살 수 없었습니다. 형인 수양대군이 왕위에 마음을 두어 그를 경계했기 때문입니다. 안평대군은 따르는 사람이 많았는데, 그중 단종을 보좌하고 있던 김종서와는 각별한 사이였습니다. 수양대군은 김종서를 없앨 계획으로 계유정난을 일으키고, 김종서와 안평대군이 역모를 꾀했다고 몰아붙였습니다. 결국 김종서는 죽이고, 안평대군은 강화도로 귀양을 보낸 후에 죽였습니다.

　현재 주인을 잃은 무계정사는 과거에 안평대군이 살았다는 이야기만 전해져 올 뿐 폐허가 되었습니다. 다만 커다란 바위 가운데에 안평대군의 필적으로 알려진 '무계동武溪洞'이란 글씨가 새겨져 무계정사가 있던 터라고 추정하는 것입니다.

세검정

종로구

주소 서울시 종로구 세검정로 244 세검정 (신영동 168-6)

서울에는 세검정이라는 지명이 있습니다. 이곳은 시냇가의 큰 바위 위에 세검정이라는 정자가 있어서 붙여진 이름입니다. 숙종 때 북한산성을 수비하기 위해 총융청이라는 병영을 설치했는데, 그곳에 있는 병사들의 휴식처로 세운 것이지요. 세검정이라는 이름은 인조반정을 계획하던 이들이 이곳에서 반정을 의논하고, 시냇물에 칼을 씻었다고 해서 붙여진 것이랍니다. 이 지역은 주변 경관도 아름답지만 장마철에 물이 불어나면 해마다 도성 사람들이 이곳에 와서 물 구경을 했다는 기록이 여러 서책에 나옵니다.

세검정은 1941년에 화재로 타 주초석 하나만 남게 되었습니

> **세검정**
> 시냇가 바위 위에 세워져 자연과 조화를 이룬다. 우리나라 건축의 참맛을 느낄 수 있는 소중한 문화유산이다.

다. 이것을 1977년 5월에 복원했는데, 예전의 정자와는 다른 모습이라고 합니다. 조선 시대에는 《왕조실록》이 완성된 뒤 이곳 세검정에서 세초洗草(조선 시대에 실록을 편찬한 뒤 그 초고를 물에 씻어 없애 버리던 일)했다고 전합니다.

홍지문

세검정에서 약 200미터 떨어진 곳에 있었으며, 서울 도성과 북한산성을 방어하기 위해 세운 문이다.

역사 속으로

시냇물에 칼을 씻은 까닭은?

광해군을 왕위에서 몰아내고, 인조를 왕위에 올리려는 사람들이 있었습니다. 그중 이괄은 홍제원에서 함께하기로 한 이귀, 김자점 등을 기다리고 있었습니다. 그런데 일이 실패로 돌아갈까 봐 두려운 이이반이 승정원에 몰래 일러바쳤지요. 밀고한 사실이 반정을 계획하던 이들에게 알려지자 함께하려던 사람들은 갈팡질팡했습니다. 이때 이괄은 이귀, 김자점과 함께 광해군을 몰아낼 것을 다짐하며 정자 밑 개울가로 내려가 흐르는 물에 칼을 씻었습니다. 칼을 씻어서 칼집에 넣는다는 것은 그들이 원하는 평화를 의미했습니다. 일종의 마음을 다잡는 의식이었던 것이지요. 그래서 흐르는 물에 씻었다고 해서 씻을 세洗, 칼 검劍 자를 써서 세검정이라는 이름이 생기게 되었습니다. 이괄은 뜻을 함께한 장군들과 그날 창덕궁으로 가서 일을 성공시켰습니다. 이것을 인조반정이라고 합니다.

서울문묘

종로구

주소 서울시 종로구 성균관로 25-1 성균관유림회관 (명륜3가 53)

문묘란 유교를 완성한 공자와 그의 제자를 비롯해 우리나라와 중국의 이름 높은 유학자들을 모시는 사당을 말합니다. 서울 문묘는 성균관과 함께 태조 때 세워졌습니다. 성균관·서울 문묘를 구성하는 건물 중 대성전, 명륜당, 동무, 서무, 삼문 등 다섯 동의 건물이 보물로 지정되었습니다. 대성전은 문묘의 정전으로, 공자의 위패를 모시고 제사를 지내던 건물입니다. 그리고 명륜당은 유학자들의 사상이 담긴 유학을 교육하던 건물이지요.

문묘에는 오래된 은행나무가 있는데, 공자가 제자를 가르친 '행단(공자가 은행나무 단에서 제자를 가르쳤다는 고사에서 유래)'을 본떠서 은행나무를 심었다고 합니다.

명륜당
유학을 교육하던 곳이다.

역사 속으로

성균관은 어떤 곳일까요?

　오늘날 대학의 이름으로 알려진 성균관은 조선의 대학이라고 할 수 있는데, 고려 말부터 이어진 조선의 최고 교육기관입니다. 그래서 성균관은 지금의 입시 제도처럼 엄격하게 유생을 받아들였습니다. 진사시와 생원시에 합격한 사람에게 먼저 성균관 입학 기회가 주어졌고, 선발 시험인 승보升補나 음서蔭敍를 통해 입학할 수 있었습니다. 일단 성균관에 입학한 유생들에게는 집(기숙사 형태)과 땅, 노비를 주는 등 비록 관직은 아니었지만, 관직에 버금가는 대우를 해주었습니다. 성균관을 마친 유생 대부분이 관직에 오르기 때문입니다. 또한 과거 시험을 보는 데도 여러 가지 혜택을 주었습니다. 특히 시험을 보지 않더라도 추천을 통해 관직에 오를 수도 있었습니다.

　유생들은 정치에 관심이 많아 문제가 있다고 여겨지는 나랏일에 집단으로 상소를 올리기도 하고, 수업을 거부하는 '권당'이라는 집단행동도 했습니다. 조선 초기만 해도 학문의 전당(문화 예술 분야의 권위 있는 기관)으로서 중요한 기능을 했지만 후기에 이르러서는 교육 재정이 줄어들고, 과거제도가 불공정하게 운영되면서 그 기능이 약화했습니다.

숭례문

중구 주소 서울특별시 중구 남대문로 4가 29

　우리나라의 국보 1호이자 서울의 얼굴이라고 해도 모자람이 없는 숭례문은 조선 시대 서울 도성을 둘러싸고 있던 성곽의 정문입니다. 조선의 정궁인 경복궁의 방향에 의해 정문이 되었지요. 동쪽으로는 남산, 서쪽으로는 서소문과 이어져 도성에 들어가려면 반드시 지나야 하는 문이었습니다.

　숭례문에는 예를 숭상한다는 의미가 담겨 있습니다. 유교의 다섯 가지 덕인 '인의예지신仁義禮智信'에서 나온 것으로, 이것은 오행 사상에서 방향을 말하는 동(인)·서(의)·남(예)·북(지)·중앙(신)과 연관되어 있습니다. 그래서 남쪽에 해당하는 '예禮'를 넣어 숭례문이라고 한 것입니다. 오늘날 남대문으로 불리는 이유 역시 이에 근거한 것이지요.

　숭례문은 돌을 높이 쌓아 만든 축대를 중심으로 무지개 모양의 홍예문을 두고, 그 위에 정면 5칸과 측면 2칸 크기로 지은 누각형 2층 건물입니다. 지붕은 앞에서 볼 때 사다리꼴 형태를 하고 있어 웅장한 모양을 하고 있지요. 조선 태조 때 만들어지고 그 뒤에도 보수 작업을 거쳤습니다. 1962년 숭례문을 손질할 때 숭례문 상량 일자를 기록한 대들보 세 개가 발견되었는데 거기

숭례문
우리나라 도성 건축물 가운데 가장 오래된 것이었으나 2008년 2월 2층짜리 누각이 불타 없어져 버렸다. 현재는 5년 3개월에 걸쳐 전통 기법을 사용하여 복구하였다.

에 내용이 남아 있습니다. 세 대들보는 처음 세워진 것, 세종 때 고쳐 지은 것, 성종 때 고쳐 지은 것으로, 특히 세종 때 다시 고쳐 지은 것은 숭례문이 기울거나 낡아서 한 것이 아니라고 밝히고 있습니다. 기록에 의하면 그때까지만 해도 숭례문의 지대가 낮아서 볼품이 없어 보이므로, 지대를 높여 경복궁이나 성곽의 배치를 아늑하게 만들려고 고친 것이었습니다.

이처럼 서울의 기준을 이루고 있던 숭례문은 일제강점기 도시계획으로 성벽이 헐렸습니다. 그래서 지금은 남산 광장에서 정상에 이르는 길에 성벽 일부가 남아 있을 뿐입니다. 또한 서울에 남아 있는 목조 건물 가운데 가장 오래된 것이었지만, 2008년 2월 10일 일어난 화재로 2층짜리 누각이 소실되면서 목조 건물 일부와 석축 기반만 남아 있습니다.

숭례문의 세로 현판

숭례문은 유교 사상과 오행 사상이 결합해서 붙여진 이름이지요. 그 이름만큼 유명한 것이 그 이름을 적어 둔 '숭례문' 현판입니다. 오행 사상에서 남쪽은 불火을 의미합니다. 그러므로 남쪽 문인 숭례문 역시 불과 가깝겠지요. 그런데 조선 궁궐의 심장인 경복궁에서 바라볼 때 남쪽에 있는 관악산은 불의 기운이 강한 산이었습니다. 당시 사람들은 그 기운을 숭례문에서 막아야 한다고 생각했습니다. 그래서 숭례문 현판을 세로로 걸었습니다. 사대문 가운데 현판이 세로로 걸린 문은 숭례문뿐입니다. 한편, 현판을 쓴 사람에 대해 여러 설이 있지만 《지봉유설》에 양녕대군이 썼다는 기록이 나옵니다.

숭례문의 현판

관악산에 불 기운을 막기 위해 세로로 걸었으며, 글씨는 양녕대군이 썼다고 전해진다.

국보를 알아봅시다

조상들의 얼이 담긴 우리 문화재 가운데 소중하지 않은 것이 있을까요? 모두 소중한 우리 민족의 문화유산이므로 제대로 보존하기 위해서 국보나 보물 등으로 지정해 관리하고 있습니다. 특히 국보의 경우, '역사적으로나 예술적으로 가치가 큰 것, 오래전에 만들어지고 그 시대를 대표하는 것, 만드는 기술이나 재료들이 우수해 희귀한 것, 역사 속에서 뛰어난 행적을 보인 인물들과 관련이 깊거나 그가 만든 것'을 지정 기준으로 삼고 있습니다. 1962년 "문화재보호법"이 제정되면서 여러 문화재가 국보로 지정되었습니다. 국보 1호인 숭례문은 조선 초인 1398년 건립되어, 1447년 수리한 것으로 현재 남아 있는 도성 건축물 가운데 가장 오래되었다는 역사적 가치가 있습니다. 예술적으로도 장중한 규모, 넘치거나 부족하지 않은 균형의 아름다움은 한국 건축의 전형적인 아름다움으로 평가받고 있습니다. 하지만 국보로 정해져 번호가 매겨지는 것은 지정 순서에 따른 것일 뿐입니다. 예를 들어 숭례문은 1962년 12월 20일에 첫 지정되어 국보 1호가 되었고, 백자 대호는 2007년 12월 17일에 지정되어 국보 310호가 된 것입니다.

국보 2호 - 원각사지 10층 석탑

국보 3호 - 북한산 신라 진흥왕 순수비

국보 4호 - 고달사지 부도

국보 5호 - 법주사 쌍사자 석등

보협인 석탑

중구 주소 서울시 중구 필동로 1길30 (동국대학교 박물관)

석탑에 다라니경 같은 불경을 넣어 두는 경우가 종종 있는데, 보협인 석탑에도 《보협인다라니경》을 보관했다고 합니다. 그래서 이름이 보협인 석탑이 되었습니다. 《보협인다라니경》은 모든 화재와 위험을 없애는 힘이 있다고 믿어지는 경전이라고 합니다. 보협인 석탑은 고려 시대에 만들어진 것으로 보이지만, 우리나라의 기존 석탑에서 찾아볼 수 없는 형태를 가지고 있습니다. 네모난 상자 모양의 돌 두 개를 포개어 놓은 후, 그 위로 당나귀 귀처럼 생긴 윗돌을 머리 장식으로 얹어 놓은 형태이지요. 돌의 네 면에는 석가의 전생 설화를 그림으로 새겨 놓았습니다. 중국 오월국의 석탑에도 《보협인다라니경》을 보관했다고 하는데, 이것으로 보아 오월국의 영향을 받은 석탑으로 추정하고 있습니다. 아무래도 고려 시대에는 불교문화가 발달해 불교 국가들과 교류도 많았을 것이고 그만큼 많은 영향을 받지 않았을까요?

보협인 석탑은 우리나라에서는 유일한 석조 보협인 탑으로 매우 귀중한 가치를 지니고 있습니다. 원래는 천안시 북면 대평리 탑골 계곡의 절터에 무너져 있던 것을, 도굴의 위험도 있고 해서 동국대학교 박물관으로 옮겨 세운 것입니다.

덕수궁

중구

주소 서울시 중구 세종대로 99 덕수궁 (정동 5-1)
주요문화재 대한문, 중화전, 유현문, 석조전, 함녕전 등

처음부터 궁궐이 아니어서 덕수궁은 다른 궁과 조금 떨어진 곳에 있습니다. 덕수궁이란 궁명은 조선 초부터 있었던 이름으로, 이 궁궐이 아닌 다른 건물을 지칭했습니다.

현재의 덕수궁은 세조의 큰손자인 월산대군의 집이었습니다. 그런데 임진왜란 후 피란을 갔다가 돌아온 선조가 왕궁이 모두 불에 타서 임시 거처로 쓰면서 궁이 된 것입니다. 그리고 다른 궁을 짓는 동안 이 행궁은 점점 넓어졌고 선조 뒤를 이은 광해군이 창덕궁으로 떠나면서 경운궁이라는 궁호를 붙여 주었습니다. 그 후 선조의 왕비인 인목대비가 이곳으로 쫓겨 와 유폐(아주 깊숙이 가두어 둠)되자, 서궁으로 낮추어 부르게 했습니다.

인조가 왕위에 오르면서 이곳은 한적한 별궁 정도로 축소되었습니다. 그러던 것이 고종 말년에 왕이 이곳으로 거처를 옮기면서 갑자기 궁궐로서의 모습을 갖추게 되었습니다. 명성황후가 경복궁에서 시해되자 고종이 아관파천 후 이곳으로 돌아오면서부터 다시 경운궁이라 불렀지요. 1907년에는 고종이 순종에게 왕위를 물려주고 나서 경운궁에 머물렀는데, 이때부터 고종의 장수를 비는 뜻에서 '덕수궁'이라 부르게 되었습니다.

덕수궁은 경복궁을 비롯한 다른 궁궐들과 조금 다른 점이 있습니다. 전통 목조 건축과 함께 구한말과 일제강점기 때 지어진 서양식 건물이 함께 남아 있다는 것입니다.

덕수궁에서 제일 중요한 건물은 정전인 중화전입니다. 처음에는 대한제국의 권위를 나타내기 위해 2층으로 지었는데, 불이 나 단층으로 다시 지었습니다. 건물 천장에는 황제를 상징하는

중화전

덕수궁에서 제일 먼저 가볼 만한 곳으로, 정면 5칸 측면 4칸의 단층 건물이다. 보물 819호로 지정되어 있다.

용 두 마리가 조각되어 있고, 앞마당에는 회의를 할 때 문관과 무관의 자리를 지정해 놓은 품계석이 있습니다. 이 품계석은 비석처럼 생긴 돌로 관리들의 계급이 새겨져 있습니다. 이러한 중화전은 덕수궁에서 제일 먼저 가 볼 만한 건물로 조선 왕조에서 마지막으로 지어진 것입니다.

중화문은 덕수궁 전체를 둘러싸고 있는 담으로 보았을 때는 가운데 문이지만 정전인 중화전의 정문입니다. 중화전이 단층으로 다시 지어지면서 문도 단층으로 지어졌지요. 이 문에는 담장이 없습니다.

> **덕수궁 대한문**
> 덕수궁의 정문으로 정면 3칸 측면 2칸의 다포 양식 건물이다.

함녕전은 고종의 침실로서, 현재의 덕수궁 정문인 대한문을 들어서 오른쪽으로 보이는 행각 안에 있는 건물입니다. 1904년(광무 8)에 불타 버리자 같은 해 12월 다시 지은 것입니다. 1919년 1월 22일 새벽 고종은 이곳에서 돌아가셨다고 합니다.

> **덕수궁 석조전**
> 1900년 영국인에 의해 설계된 당시의 가장 큰 서양식 건물로 미술관 박물관 등으로 사용되어 왔다.

아관파천은 무엇일까요?

아관은 러시아 공사관, 파천은 임금이 도성을 떠나 다른 곳으로 피란하던 일을 의미합니다. 역사적으로는 1896년 2월 11일부터 1897년 2월 20일까지 친러시아 세력에 의해 고종과 세자가 러시아 공사관으로 옮겨서 거처하게 된 것을 아관파천이라 합니다.

당시 조선은 을미사변(명성황후시해사건) 이후 반일 감정이 드높았습니다. 일본을 몰아내자고 전국적으로 의병이 일어나기도 했지요. 이때를 틈타 조선에서 세력을 키우려던 러시아가 밀고 들어왔습니다. 당시 친러파였던 조선의 대신들은 러시아 공사와 짜고 고종을 러시아 공관으로 모시려 했습니다. 그래서 궁녀 김 씨와 고종이 총애하던 엄 상궁(후에 고종의 두 번째 부인이 되는 순헌귀비 엄씨)을 통해 고종에게 접근했지요. 그들은 흥선대원군과 친일파가 고종의 폐위를 공모하고 있다고 속이고 왕실의 안전을 위해 잠시 러시아 공사관으로 옮기자고 했습니다. 당시 불안과 공포에 싸여 있던 고종은 그에 동의해 새벽에 세자와 함께 몰래 러시아 공사관으로 갔습니다.

그러나 러시아의 힘을 빌려 일본 세력을 물리치겠다는 아관파천의 명목은 사라지고 오히려 러시아의 배만 부르게 해주는 꼴이 되어 버렸지요. 그래서 독립협회 등이 고종에게 러시아의 영향에서 벗어나라는 요구를 했습니다. 고종은 우리도 힘을 가져야 한다는 새로운 마음가짐으로 덕수궁으로 돌아와 국호를 '대한제국', 연호를 '광무光武'로 고쳤습니다. 그리고 황제 즉위식을 하고 독립 제국임을 내외에 선포했습니다.